まんがでわかる

ドラッカーの

マネジメント

The Essence of Peter F. Drucker's
Management Theory

〔まんが〕nev　〔監修〕藤屋伸二

宝島社

まんがでわかる ドラッカーの マネジメント 目次

おもな登場キャラクター

岸本かすみ

某県琴川町町議会議員。元OL。祖父・久男の地盤を継いで現職。

竹岡 努

八百屋「八百竹」の店主。琴川町の観光事業推進委員会メンバー。

岸本久男

かすみの祖父。琴川町の町議会議員を長く務め、現在は県議会議員。

野々山春光

かすみの後援会会長。元は久男の後援会の会長を務めていた。

西島英司

観光事業のコンサルティング会社を経営。観光事業推進委員会オブザーバー。

大宮義一郎

都内旅行代理店に勤務。若草村の観光プロジェクトに尽力。

※このまんがはフィクションです。登場する人物、団体名、事件などはすべて架空のものです。
※本書は監修者のアドバイスに従い、ピーター・ドラッカーのマネジメントに関する議論をわかりやすく、実践的に、一部大胆に噛み砕いて紹介しています。

Chapter 1

事業のマネジメントって何？

ドラッカーは、歴史上初めて経営に「マネジメント」という考え方をもたらした。それはよく知られているが、「つまり、どういうこと?」と聞かれると答えに詰まる。まずは、事業のマネジメントについてポイントを抑えつつ、「マネジメント」の全体像を見ておこう。

琴川駅
琴川町 駅前
このたび わたくし 「岸本かすみ」
岸本かすみが この愛する琴川町の 町議会議員に 立候補するにあたり
皆様に お約束します!
この町の財産 である 美しい景観と 優良な温泉
それらを中心とした 観光事業を活かす 政策を!
それを支える 産業の基盤整備を…
岸本か
パチ
「為せば成る」 の精神でことに あたり
若輩ながら 粉骨砕身の覚悟で 政策を進めていく 所存です!
パチ
パチ
パチ
がんばれー
1年後——

琴川町 町役場
春の昼下がり
月予
19
20 総ム
21
22 議運
23
24
25
26
27
28
29
30
31
予算編成の忙しい時期もようやく過ぎ
議員控え室にいるのは私1人——
ふあ〜…
この時期は一気に暇になるな〜
どうしようかな
パラ…
私——岸本かすみが
某県琴川町の町議会議員となり1年が過ぎました
会合パンフレット一覧
岸本 かすみ
某県琴川町町議会議員
あれ〜 岸本先生今日は委員会の会合が1件だけ？
いくら暇な時期だからってもう少しあちこちに顔出ししたほうがいいんじゃない？
5票や10票でも琴川町じゃ影響でかいんだし
…まあ「岸本先生」には必要ないかもしれないけどさ
ハハハ
むぅ〜
イヤミ…
なんて
他の議員さんには言われちゃったけれど…

確かに票固めのためにはいろいろと顔出ししておいたほうがいいんだろうけど
「近所の塀が崩れてるのを直して」とか
議員の仕事なのかなんなのかよくわからない頼みごとをされちゃうんだもの
お祖父《じい》ちゃんはこの仕事のやり甲斐は別格だぞって言ってたけれど……
あ そろそろ会議の時間
第1回目の会合だし遅刻はできないわ
早めに商工会館に向かわなくちゃ
ゴミ拾いボランティア
バレーボールクラブ定例会
こんな便利屋さんみたいなものが町議会議員の仕事なのかしら
琴川町は都心からローカル線で2時間ほどの温泉街
かつては賑わっていた温泉街も今は客足が途絶え知る人ぞ知るエリアになってしまいました
1年前
長く町議会議員を務めこの町の顔役だった祖父の岸本久男が県議会議員に出馬
歓迎
たった1人の孫娘である私は
祖父と後援会の方々に強く推されて勤めていた都内の会社を辞め その地盤を引き継がされることに
今どき世襲だなんだって時代でもないと思うけど… でも強く言われると断りにくいし
本当に寂《さび》れてるなあ…
任期中大過なく過ごせればいいよね…

やる気がない！と
言われたらまったく
言い返せないのですが
議員として何を
どうすればいいのか
わからない
というのが
正直なところ
なのです……
琴川町商工会館
えっと
観光事業推進委員会
第１回会合は
２階の
第１会議室ね
あ〜！
すんません
乗ります！
ドタ
ドタ
ガー
はい
どーも
どーも
…あれ？
あんた…
え
ななに？
随分ラフな
格好だし
怖そうな人…
あれ？
どこかで…
ん〜
ここはお嬢さんが
遊びに来るような
ところじゃないぜ？
なに
この人〜
わ私は
議員として会議に
参加するんです！
!
おお
岸本さんとこの
一人娘じゃねーか
!
え 会議って
観光事業推進委員会？
へー
あんたも参加するんだ
そういや議員に
なったんだっけ

？
ええっと…
あー俺
琴川中で2年上の竹岡！
大通り裏の八百屋継いだのよ
こんな怖い人も参加する会議なの？
だ 大丈夫なのかしら…
会議室
ああ 不良だった…
言われれば確かに…
ま よろしくな
えーでは
琴川町観光事業推進委員会
本年度第1回目の会合を始めます
会議進行は私 竹岡が担当します
八百屋「八百竹」の店主です
よろしく
えー あの人が進行役？
竹岡 努
八百屋「八百竹」４代目店主
書記は江崎さんにお願いします
よろしくお願いします
江崎 範子
町役場商工振興課の職員

大和田 祐次
老舗ホテル「大和田」
のオーナー
本委員会の委員長
西島 英司
西島コンサルティング社長
観光アドバイザー
委員会のメンバーは名簿の通り7名ですが
本日平塚さんと杉沢さんは休みです
お2人も第1回目から欠席されてるんですね…
ああ
あんたはサボらないでくれよ?
!
むっ
も
もちろんです!
な なによ~
失礼な人!
そもそも私は
お祖父ちゃんに「この会合だけは出ておけ」って言われただけなんだけどな…
琴川町観光事業推進委員会
第1会
えー
この委員会の目的は
琴川町の観光収入を上げ地域を盛り上げることです
明治・大正時代までは温泉街として賑わったといわれる琴川町ですが

ここ2、30年は特に客足が途絶えてしまっていますので…
いやぁ そこはもういいんじゃないですか？
は？
この委員会の立ち上げの経緯はもう全員わかってるわけでしょ
はあ
そりゃまあ
立ち上げの経緯…？
？
それならあとは手持ちの観光資源をどう組み合わせて魅力的なコンテンツに見せていくか
そういう部分が重要でしょう
国際的なコンサルタントとして国内外で300以上の観光地やホテルを見てきた経験から言わせてもらえばね！
ええ 300以上も…すごいですね！
いえいえ
ハハハ
観光の目的ってそもそもなんだと思います？
え ええっと…
えっと…岸本先生？
は はい
珍しいものを見たい…とかでしょうか
そう その通り！

歴史・自然・グルメを含めたホスピタリティ
これが観光の動機の3つの柱と言っていいでしょう
日本を訪れる観光客
いわゆるインバウンドの需要をどう取り込むかは当然テーマにすべきですが
この点では国内旅行者が求めるものと本質は変わらない
いくら客足が途絶えたとはいえ その中での人気スポットというものはある
それらを整理して その内容と観光客の財布事情をマトリックスで整理すれば
「琴川町の楽しみ方」がモデルコースとして複数見えてくるはずです!
コースの妥当性はモニタリングによって評価します
インバウンドの情報発信を重視するならモニターは外国人が望ましい
その意見を踏まえてコンテンツの細部をマネジメントしていくのです
ほー
なるほどー マネジメントか…
この辺りは私が研修という形でコンサルに入ることもできます
えー お手元の資料に私のプロフィールを載せておりますので ご参照ください
西島 英司
国内外で英語での接客を数多く指導してるんで
そうしたサービスの訓練については任せてください
来週 都内でそのテーマで講演を行う予定です
よかったらみなさんもぜひ!
えと 入場料5千円…?
けっこう高い…

…おっと
では私は都内で予定が入ってますのでこの辺で失礼
とりあえず皆さんでモデルコースを出してみればいろいろ見えてくるでしょう
それでは!
は はあ…
………え
ええと…
あー
はー
それじゃどうします? 実際…
モデルコースを作成するってことですよね 私はそれでいいと思いますけど
おっしゃってることは一理ありましたよね
この町の人気スポットを可視化するっていうのは難しいかしら?
集客エリアのランキングを作ります
データなら私のほうで集めますので任せてください
あら
頼もしいですね!
ふむ
それなら岸本先生と江崎くんでモデルコースを考えてもらうということにしようか

大和田委員長
いやそれは…
ゴホン!
何と言っても将来有望な若手の岸本先生がメンバーに加わっているんだ
何よりもまずは実行!
行き詰まったら西島さんに相談すればいい
はははい頑張ります!
うむでは今回はこれで…
…………
へえ〜江崎さんは実家が干物屋さんなんですか
はい
成り行きでなった議員で町の復興にどう関わればいいのかわからなかったけれど
私だって生まれ育った琴川町を盛り立てていけたらという気持ちはある
ここで頑張れば何か見えてくるのかも……
じゃあ明日役場でね
はい
よろしくお願いします
委員会の立ち上げは商工会の主導ですがリサーチする人が欲しいと父から聞いて
私で何かできることがあればと思って手を挙げたんです
へえ…
江崎さんすごい
流されるままに参加することになっちゃった私とは違うのね
〃お嬢さん〃
!

「お嬢さん」はやめてください！
あー悪ィな
さっき決まった話だけどさ そんな簡単にいくと思うか？
え？
「琴川町ならではの観光資源を国内外に売り出す」って話だぞ
ええ… でも西島さんはすごく実績ある方のようでしたし
実績はともかくあいつの話って途中からただの自己アピールの営業トークだったじゃねーか
確かにそういう一面もありましたけど…
じゃあなんでそんな方が会議にいるんですか？
大和田さんのツテだよ…
あ〜
委員長の？
法人会の社長連中から「プロのアドバイザーがいたほうがいい」って言われて呼んできたんだってさ
あの人基本的に事なかれ主義だし断れなかったんじゃねーかな
目上の人にそんな言い方…
顔が広いのはいいことだと思います！
それに任されたのは私と江崎さんです
きちんとデータに沿ってプランをマネジメントしますから御心配なく！
…そうかい
じゃ やってみれば

なによ
あの人
文句ばっかり…
次の日から
私と江崎さんの
２人で
琴川町の
観光資源を
洗い出し
自然・歴史・
ホスピタリティ別に
訪問客のランキングを
作成
観光客の収入別に
モデルプランを
組んでみたのでした
しばらく後の
週末
琴川町　駅前
琴川駅
ふーん
外国人モニターの
モデルケース
体験ねえ
データによると
欧米からの観光客は
ある観光地を拠点に
日帰りであちこちに
脚を延ばすパターンが
多いんです
岸本先生
竹岡さん
モニターの方が
いらっしゃいました
それで
バックパック層
向けのプランって
わけか
ええ
自然・体験・食事・
温泉がセットになって
いるというところが
ポイントです!
あ!
はじめまして
トゥアンと
いいます

ベトナムから来まして 東京の専門学校で観光を勉強してます
ベトナム？
ん？ 留学生の方？
ハイ ニシジマ先生に紹介いただきました
はあ…
じゃあさっそくプランに沿って移動しましょう！
滝・洞めぐり
美術館
足湯体験
ランチ
ハイキング
寺社めぐり
etc
お疲れさまでした！
好評だったみたいですね
ええ！ ほっとしました
どうでしたか？
忙しくて疲れましたー
でも楽しかったです
よかった！
ではまた後日詳しいご感想をうかがいます
あとはもう少し細かく動線をマネジメントすれば…
いや おかしいだろ！

え？
最初に欧米人がどうとか言ってたろ
だからそこで何も考えずにあいつの言いなりになるのが変じゃないか
って言ってんだよ
どうしてモニターがアジア系の留学生なんだよ
そもそも観光目的の旅行者じゃねえじゃん！
え
だってそれは西島さんの紹介で…
考えてないわけじゃ……
やってもらって悪ィけどさ
正直今日のコース全然いいと思えなかった
観光案内所で得られる情報となんも変わんないじゃん
だいたい今日みたいなコースの情報くらい誰だって調べてこの町に観光に来るんじゃねえの？
こういう情報を提示していても観光客が増えないのをどうするか？
って話だろ！
……！

もっと驚きっつーかさ…
琴川町《ここ》でないと味わえない魅力ってやつを体験してもらうべきなんじゃねえの？
で でも
これが観光事業のマネジメントでは基本だって…
あ〜それ！
気になってたんだけどさ
「マネジメント」って何？
え
…えっと…
いいい感じにやること…？
「いい感じ」
あんたのやり方は適当にソツなくやっときゃいいって感じ
今のままじゃどうしようもねえと思うぜ？
いい感じねえ…
その程度の認識かよ
はーっ
大和田さんは県議会議員の岸本さんの心象をよくしたいのか知らねえけど
あんたに任せろの一点張りじゃん
あんたはあんたでご心配なくっつーから今日までは黙ってたけどさ
そんな…

ただいま帰りました…
お祖父ちゃん！今日は帰って来るのが早かったんですね
ああ
かすみお帰り
！
どれ
久しぶりに一杯やるか？
かすみの仕事つぷりもいろいろ聞かせてもらいたいしなあ
岸本 久男
かすみの祖父。
県議会議員
ギクッ
え
仕事…
どうした？
はっはっは
あの人絶対自分だってマネジメントが何かなんてわかってないくせに
やになっちゃう
ぷう
八百竹の息子に一本獲られたか！
お祖父ちゃんてば笑いごとじゃありません！
岸本家でお酒を嗜《たしな》むのは祖父と私だけなので
私が成人後は折に触れこうして飲み交わすことがあるのです
…ドラッカーだな

え？
経営学の父 ピーター・ドラッカー
そうだな「マネジメントとは何か」を知りたければ ドラッカーの考え方を学ぶといい
ドラッカー…
お祖父ちゃん詳しいんですか？
なに 私も受け売りさ 町議会議員時代に後援会会長の春光くんに散々教わったんだよ
経営学は政治の場でも必要だってね
へえ～
野々山春光
「しゅんこうおじさん」は私の父の同級生で住職さん
私が幼い頃から海外赴任の父に代わり何かと面倒を見てくださり
祖父が県議会議員に当選した後は私の後援会会長をしてくださっている人なのです
マネジメントとは「事業を5年後、10年後にどんな姿にしたいのか どんな業績を上げていたいのかという明確なイメージの下
それに向かって今 変化すること そのために目標を設定し 行動すること」
だな
お前はこの町を近い将来どんな姿にするための手段としてそのモデルコースをつくったんだい？
え…
そ そこまでは…
ノープランか
カァァ
まあ 考えずにいる人間がほとんどだから気にするな
ハハハ

だが「なんとなく」のイメージで「お客を増やしたい」「売上を伸ばしたい」というだけではマネジメントとはいえない
マネジメントには戦略に基づく「適切な目標」と「適切な行動」が必要なんだよ
戦略的な目標と行動…ですか
そう
戦略とはセグメンテーションとポジショニング
要は広い市場のどこで勝負するかを選択することだ
マーケティング＝市場（顧客や消費者）が何を求めているのか（＝ニーズ）を正しく理解するための行動
イノベーション＝新しいものを生み出したり、新しいことを行うことで、そのニーズを満たす行動
つまり「戦略にのっとりマーケティングに基づいた目標を定め、イノベーションによって達成する」
それが事業をマネジメントするということなのさ
企業の目的は顧客の創造である。したがって、企業は二つの、ただ二つだけの企業家的な機能をもつ。それがマーケティングとイノベーションである。マーケティングとイノベーションだけが成果をもたらす。　――『マネジメント（上）』P.74
私は観光客が琴川町に何を求めているのかを探るマーケティングが甘かったということなのかな…
というより
そのレベルで考えるからマーケティングが甘くなる
え？
マーケティングとは結局「ビジネス・モデルを創ること」なんだ

なぜなら「市場を理解する」とは「この事業を通して どんな顧客が 何を欲していて どんな過程で 満足を得たいのか」
を理解することだからだ
明確にイメージができていれば
自然と「何を売るか」「どう売るか」「いくらで売るか」などは絞り込まれていくだろう？
明確なイメージですか…
マネジメントは、市場を見つけ出すとともに、自らの行動によって市場を生み出す。
——『現代の経営（上）』P.42
ビジネス・モデルを創るためにニーズを掘り下げる必要があるわけだな
—— 市場や顧客の商品に対するニーズの変化に気づく、新しいニーズを発見する、「顧客は本当に満足しているか？」を問い直す、「顧客自身も気づいていない不満はないか？」などを探るといった行動。それには事業の強みを理解し、顧客を理解し、社会の動きをよく見る必要がある ——
じゃあイノベーションっていうのは？
世の中では画期的な商品というイメージがあるが完全に新しいものを生み出すのは困難だ
だから「創造的模倣」と「用途開発」で勝負すればいい
模倣…って真似をするんですか？
創造的模倣はパクリとは違う 優れた成功例を自分たちの強みを生かして模倣するということだよ

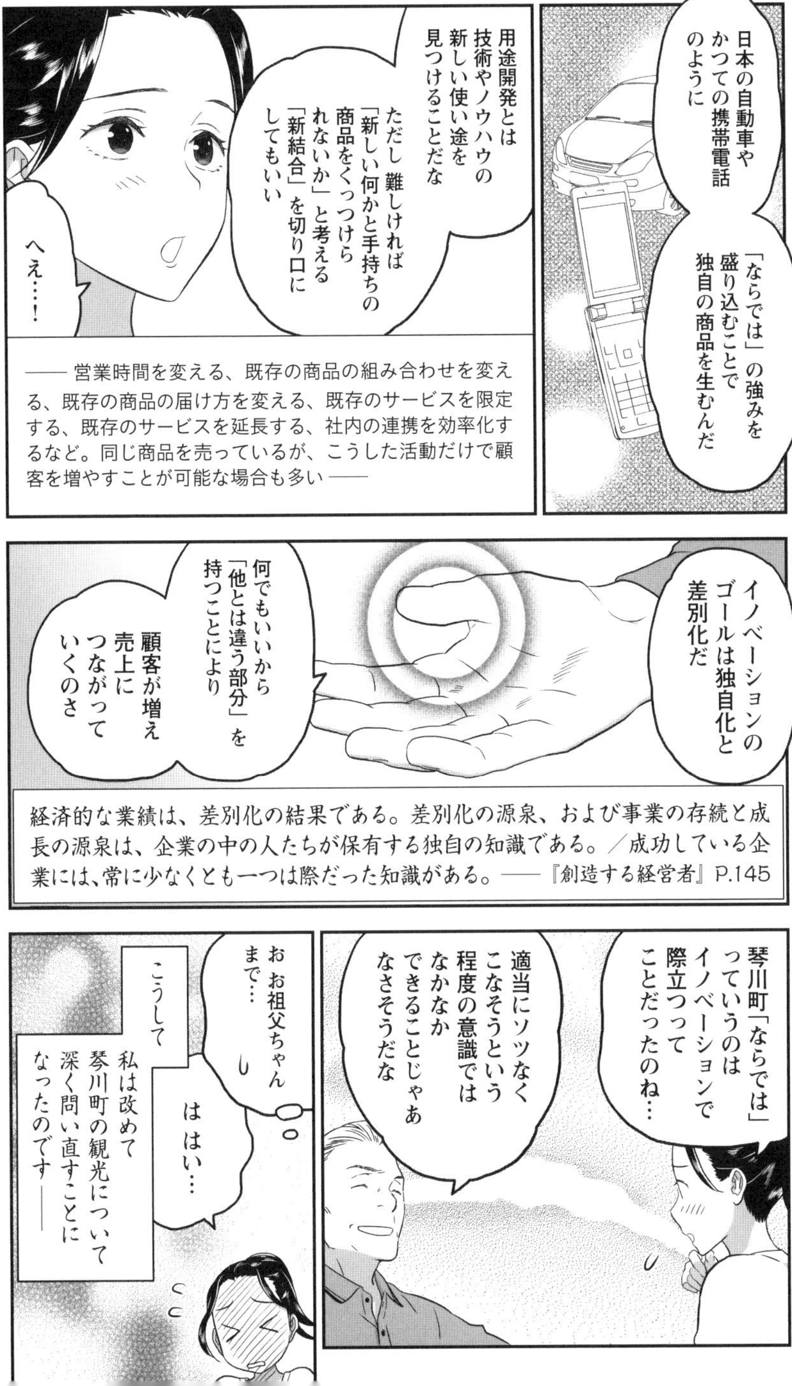
日本の自動車やかつての携帯電話のように
「ならでは」の強みを盛り込むことで独自の商品を生むんだ
用途開発とは技術やノウハウの新しい使い途を見つけることだな
ただし難しければ「新しい何かと手持ちの商品をくっつけられないか」と考える「新結合」を切り口にしてもいい
へえ…!
—— 営業時間を変える、既存の商品の組み合わせを変える、既存の商品の届け方を変える、既存のサービスを限定する、既存のサービスを延長する、社内の連携を効率化するなど。同じ商品を売っているが、こうした活動だけで顧客を増やすことが可能な場合も多い ——
イノベーションのゴールは独自化と差別化だ
何でもいいから「他とは違う部分」を持つことにより
顧客が増え売上につながっていくのさ
経済的な業績は、差別化の結果である。差別化の源泉、および事業の存続と成長の源泉は、企業の中の人たちが保有する独自の知識である。／成功している企業には、常に少なくとも一つは際だった知識がある。——『創造する経営者』P.145
琴川町「ならでは」っていうのはイノベーションで際立つってことだったのね…
適当にソツなくこなそうという程度の意識ではなかなかできることじゃあなさそうだな
おお祖父ちゃんまで…
ははい…
こうして
私は改めて琴川町の観光について深く問い直すことになったのです——

解説 1-1

マネジメントとは目標を定め、達成を実現すること

「どのフィールドで勝負するのか？」を慎重に選ぶ

ピーター・ドラッカーは、企業の経営を分析し、成果があがる法則を導き出す「経営学」の父と呼ばれている。そのドラッカーが生み出したとも言われるのが「マネジメント」という考え方だ。

マネジメント（management）とは、「マネージ（manage）すること」。つまり、努力や工夫によって、なんとか求める結果を得ること、という意味合い。したがって、ビジネスにおけるマネジメントとは、目標を達成するために行うさまざまな努力と工夫のこと、と言うことができる。

ただし、「正しい目標を定める」こともマネジメントの大切な要素。自社にとって適切な目標を設定することができなければ、その後に続く努力はどれもムダに終わってしまうからだ。大切なのは、「どの市場で勝負するのか」という視点。野球選手が相撲の土俵に上がっても、いい勝負はできない。「自分が勝てるべきフィールド」を見つけること、つまり、事業戦略の策定だ。

事業戦略に必要なのは、セグメンテーションとポジショニング。前者は、市場を地域や顧客の属性・嗜好などで細分化すること。後者は、細分化した市場のどれで勝負するのかを定め、土俵を決めることだ。

マーケティングとイノベーションの本当の意味

マーケティングとイノベーションは、事業戦略によって狙いを定めた市場に適応するための活動だ。

マーケティングとは、市場へ理解を深め、顧客のニーズを満たすこと。顧客や競争相手、関連する社会の動向などを分析し、継続的に儲けるためのビジネス・モデルをつくること、ともいえる。「世界経済は今〜」などと大きな話をするより、むしろ事業のスケールに合わせ、狭く深い視点を持つ方が効果的な場合も多い。

イノベーションとは、マーケティングに基づき新しいもの（価値）を生み出す活動。資源が限られる中小企業なら、創造的模倣と用途開発が現実的だ。前者は他社の成功例に自社の強みをブレンドして新しいものを生むこと。後者は、既存のものを別の市場で活かすこと。既存の何かを組み合わせる（新結合）と、アイデアが出やすい。

「どんな市場で」「何をして」生き残るか

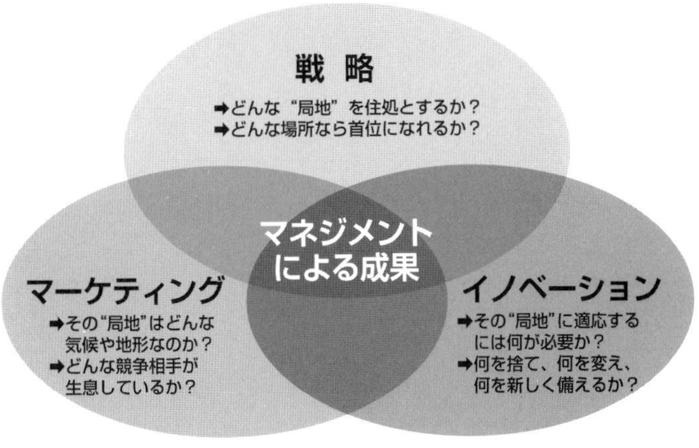

戦　略
➡どんな“局地”を住処とするか？
➡どんな場所なら首位になれるか？
マネジメントによる成果
マーケティング
➡その“局地”はどんな気候や地形なのか？
➡どんな競争相手が生息しているか？
イノベーション
➡その“局地”に適応するには何が必要か？
➡何を捨て、何を変え、何を新しく備えるか？

解説 1-2

「新しいものをつくる」では儲からなくなっている

顧客はスペックではなく喜びを求めている

前節で見たように、事業戦略・マーケティング・イノベーションはいわば三位一体で、現実的には3つの活動は、並行して絡み合って実践されることになる。「どんな市場で、誰に売るべきか」「顧客はどんな満足を求めているのか」「顧客のニーズを満たすために、どんなモノ・コト（価値）を提供すればいいのか」……。そんな問いと向き合う際、どうしてもデータを分析するような活動に頼りたくなるが、それだけだと、現代のビジネスで生き残り、存在感を発揮することは難しい。かつてのようにものが足りなかった時代なら、より安く、より性能がよい商品を世に出すべく、ものづくりに励んでいればよかった。「良いものをつくれば、必ず売れる」という信念が通用したからだ。

しかし、いまや技術の高さや機能の豊富さというスペック情報だけでは、顧客はなびかない。「若者の○○離れ」などと言われるように、現代人は「持つこと」や「買うこと」自体に憧れや喜びを感じる機会が少なくなっている。もっと、生物としての喜びや嬉しさに迫るような商品やサービス、そしてメッセージが求められているのだ。

感性を信じて右脳的にアプローチしよう

ドラッカーによれば、それはビジネスの世界が「生物的な世界」となったということ。頭角を現すには、知覚的な認識を中心に置くべきだ、とドラッカーはいう。理屈でアプローチする左脳的で分析的な手法だけでは、問題の発見も解決もできない。

顧客のニーズを発見するのにも、その解決法を見出すのにも「ふと気づくこと」が重要。ビジネスで「私の勘です」などと提案すれば、一笑に付されそうだが、十分なリサーチや分析に基づいた「勘」こそが、現代ビジネスではカギとなる。ちょっとした違和感や不満、あるいは喜びや満足感など、自分の感性に敏感に耳を傾けよう。

本書では、ドラッカー理論を実践で活かすためのさまざまなワークシートを掲載しているが、活用する際は、ぜひ感性を自由に働かせて取り組んでみよう。

問題の発見・解決には感性も大切にする

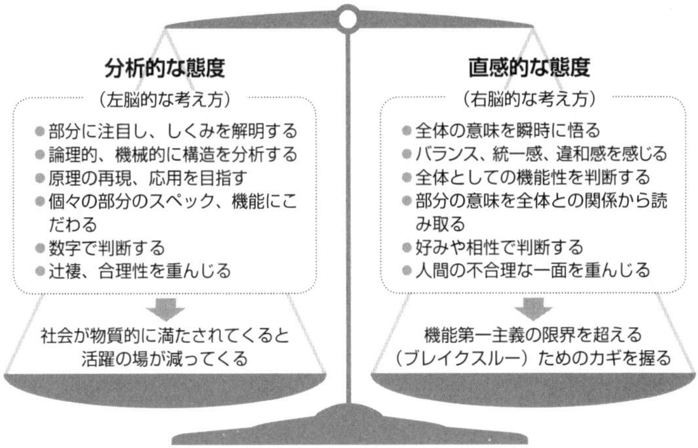

分析的な態度
（左脳的な考え方）
部分に注目し、しくみを解明する
論理的、機械的に構造を分析する
原理の再現、応用を目指す
個々の部分のスペック、機能にこだわる
数字で判断する
辻褄、合理性を重んじる
社会が物質的に満たされてくると活躍の場が減ってくる
直感的な態度
（右脳的な考え方）
全体の意味を瞬時に悟る
バランス、統一感、違和感を感じる
全体としての機能性を判断する
部分の意味を全体との関係から読み取る
好みや相性で判断する
人間の不合理な一面を重んじる
機能第一主義の限界を超える（ブレイクスルー）ためのカギを握る

「マネジメント」を実務に活かす!
1

ドラッカーの「マネジメント」全体像

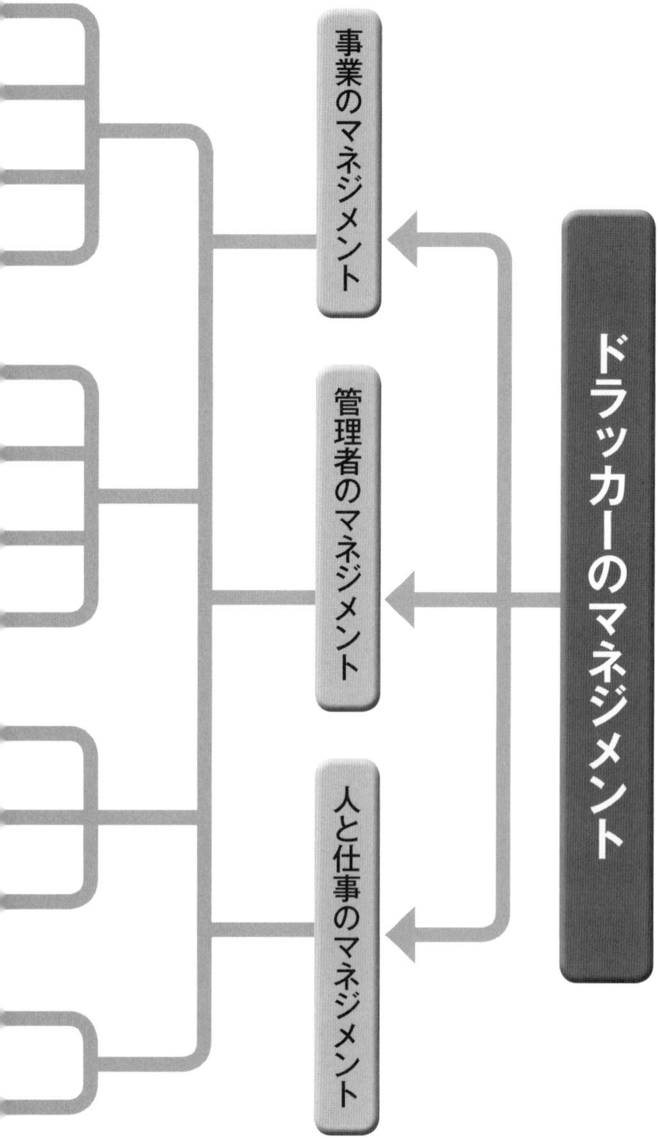

経営の前提

- ドラッカーの企業観
- ドラッカーのマーケティング
- ドラッカーのイノベーション
- ドラッカーの生産性の向上

事　業

- 環境認識（チャンスの見つけ方）
- 既存事業の現状分析
- 理想事業の設計
- 独自化戦略の策定

管理者

- 組織構造と組織運営
- 目標によるマネジメント
- ドラッカーのリーダーシップ

人と仕事

- モチベーションの仕組み
- ドラッカーの自己成長法

 ➡ 解説は32ページ

Column 1

ドラッカーの「マネジメント」が視野に入れているもの

経営学の父であり、歴史上初めての経営コンサルタントでもあったピーター・F・ドラッカー（1909〜2005）は、オーストリアで生まれ、ナチスが台頭する激動の時代に渡米。フリーの経済記者としての活動がゼネラルモーターズなど大企業の幹部の目に留まり、企業の経営を分析し業績を高める要因を突き詰める「経営学」を誕生させることとなった。

「マネジメント」とは、彼が最重要視したテーマをひと言で表した言葉だが、著作も多く、その全貌を筋道立てて理解するのは至難の業。これをわかりやすく整理したのが、30ページの図だ。

こうしてみると、ドラッカーが「マネジメント」と呼んで考察の射程とした企業の活動には、事業・管理者・人と仕事という3つがあるとわかる。本書は、この3本柱がさらに細分化されたテーマのうち、図の上半分の項目を中心に1・3・5・6章で実践的に取り上げている。

2章では、ドラッカー流の自己成長法に注目し、個人として成果をあげる（自分をマネジメントする）考え方を解説。4章では、モチベーションの仕組みやドラッカーが考えるリーダーシップとは何か、に注目して、人を動かして成果をあげるコツを紹介している。

ちなみに、ドラッカーが提唱するリーダーシップに関しては、姉妹書となる『まんがでわかるドラッカーのリーダーシップ論』で重点的に取り上げている。

Chapter 2

個人の成果をマネジメントするには?

マネジメントには「自分の仕事ぶりをマネジメントする」という考え方もある。では、そうやって個人として成果をあげるには、自分の行動をどのようにコントロールしていくべきなのか。ドラッカーが考える現場のプレーヤーとしての「優秀さ」とは何か。

琴川町の観光を盛り上げる取り組みは1つの事業のマネジメントであり
そのためには戦略に基づくマーケティングを通してイノベーションを実現する必要がある
戦略とはセグメンテーションとポジショニング
つまり広い市場の「どこで勝負するのか」を決めること
その決断を下すためにも市場を理解し
顧客が何を求めているのかを知るマーケティング活動が必要であり
そこで得た知見が独自化《イノベーション》・差別化の道を探る材料になる
というわけですが——
…なるほど
うまくいけば地域の活性につながりそうだ
いろいろ期待できるねえ
野々山春光
寺の住職
かすみの後援会会長
だけど何から手をつけていいのか……
お祖父《じい》ちゃんのドラッカーの師匠は春光おじさんと聞いたので
ヒントをもらえればと思ったんですけど
そんな大層なものじゃあないが…
そうだねえ事業のマネジメントに着手するときは
まず目的を明確にすることを忘れないようにしないとね

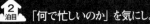

いまさらですか？
見失っている人は存外と多いものだよ
そういう人たちが一生懸命になってやったとしても
目的に沿わないリサーチやプラン作成は時間と労力の無駄だからね
………
ドキ
観光事業推進委員会の目的………
竹岡さんも言ってたのですけど
この温泉街にもう一度観光客を呼び戻すってことだと思うんです
しかし今も観光客はゼロではないだろう？
ええ
それなら
今来ている観光客たちは
なぜ近隣の大きな温泉地に行かずに琴川町《ここ》にわざわざ来てくれているんだろうね？
え…？
あえて琴川町を選んでいる観光客
そこに注目すれば
なにかこの町ならではの特徴を見つけられるかもしれないよ
そんなものがこんな辺鄙《へんぴ》な町にあるのかしら…？
自分で言うのもなんだけど
かすみちゃん自身がお客としてこの町を観光してみたらどう？

収益の推移とか近隣の観光地との比較のようなデータ分析は得意な人がいるんだろう？
はい　江崎さんという方が
ならかすみちゃんは現場に出て
商品や顧客の生の姿を味わうことから始めてみるといいのではないかな
現場…
客としてこの町を体験する…
見るべきはまず事業そのものの特徴
お客さんが「この業種ならできて当然」と思うような
いわゆる常識的なサービスがどれくらい浸透しているか
あるいは逆に意外性がどのくらいあるか……
有名観光地と逆の発想があるか探してみてもいい
事業の特徴が見えてくると業界内の立ち位置《ポジショニング》をつかむ手がかりになる
なるほど
レベルが高いところ低いところがわかれば
売りにすべきポイント
強化・改善すべきポイントが見えてくるだろう？
品質
価格
提供時間
サービス
柔軟性
買いやすさ
これは一例だけどね
もう1つは業務遂行のレベルを見る
品質、価格、提供時間、サービス、柔軟性、買いやすさなど
2つを合わせれば「琴川町がどんな観光地なのか」がわかるんですね
その通り！

リピーターがリピートする理由がわかればしめたものだよ
はい
私 議員までやっているのに
この町ならではのものや事柄ってあまり意識したことがありませんでした…
いい機会だししっかり勉強してもらえれば僕も安心だよ
それとかすみちゃん
町内の会合やイベントのリストは持っているだろう?
え ええ
●日　午前１０時開会
会場：琴川町小学校
・琴川町町立美術館
開会式
町の議員は地元密着が基本だからね
こういったものはできるだけ顔を出したほうがいい
合唱コンクール
●日　午前１０時開会
会場：町民会館文化ホール
・北地区観光ボランティア
ゴミ拾い活動
●日　午前１０時集合
集合場所：町役場前
・スポーツ町民クラブ懇親会
●日　午後６時開会
会場：町民会館文化ホール
・新緑まつり　開会式
●日　正午開会
会場：緑地公園　中央広場
でも 結構同じ日に何件もかぶってたり
細々としたおつかいみたいなことを頼まれたりもしちゃって…
町を知る助けになると思うよ?
それに住民と触れ合い住民がどんな思いを持っているのか肌で感じるのは議員の重要な仕事だ
久男さんも町議会議員時代は毎日どこかしらの会合に顔を出していたよ
お祖父ちゃんも…
…わかりました
やってみます

この町のために頑張るって気持ちになってきたんだもの
私にできることがあるならやってみよう
委員会の次の会合までには何か結果を出せるようにしなくちゃ
こうして私は自分の予定を整理しつつ
あちこちの会合やイベントに顔を出すことにしました
週末などはイベントが何件も重なることもあり
結構な重労働です
なんとかこなす一方で
顧客の立場でのリサーチについては過密スケジュールのために思うように進まず…
町役場
えっと 次は合唱コンクールね…そろそろ出ないと
あ…お疲れさまです
いやいやお疲れさまです!
他の先生も噂してましたよ
急に岸本先生が活動的にいろいろ顔を出してるって
ええ ええ
主宰のお1人が後援会のメンバーだし声をかけたら時間がかかりそう
図書館が閉まる時間までに会場を出れるかしら
岸本先生お忙しそうですねえ〜
美術館の企画展の顔出しからボランティアのゴミ拾いまで…
ずいぶん熱心ですなあ
ええまあ…

ふう…
やっぱり図書館には
間に合わなかったわ
調べものや資料の準備を
したかったけど…
リサーチもきちんと
しなくちゃいけない
けれど
結局イベントや会合で
時間を取られてしまって
昼間は動けないし…
イベントでも
今のところは
これといった手応えは
得られない
会議の資料の
準備をしなくちゃ
いけないのに
春光おじさんの言う
活路はなかなか
見えてこない
何がいけないの
かしら…
岸本先生
どうしよう
今のままじゃ…
先生からいろいろ
現場でリサーチする
と伺ったので
私のほうでは
こんなデータを
整理してみました
どうですか？
え ええ
いいと思うわ…
そして
観光事業推進委員会 第2回 当日――

えーでは
モデルプランを見直すために
今日は資料を基に意見を出し合いたいと思います
江崎さんから資料説明お願いします
はい
近隣の観光地の客単価の違いを調べてみました
お手元の資料をご確認ください
宿泊客数訪問客数ともに近隣のメジャーな観光地とは数倍の差があり
比べものになりません
しかし逆に客単価では2万円ほど高いことがわかりました
ほほう
宿泊施設や飲食店での消費で上回っている部分があるようですね
具体的には?
歴史のある高級旅館や食材や製法にこだわった飲食店に人気があるようです
自然メインの観光スポットはどうなの?
そちらはそうでもないですね…
そういった場所はお店が少ないこともあると思います
へえ
しかし近くにも似たような観光地はあるのになぁ
なぜ琴川町なのか
その辺りは地元の魅力を再発掘する必要があるということで
現場を現場のリサーチを岸本先生が…
ドキ
!

あ
あの
そ それが
忙しくてまだ リサーチが思う ように進んで なくて…
現段階では なんとも…
すみません 資料がまだ 用意できなくて…
…なんだ じゃあ口頭で いいっすよ
は？ ……
ああ！
プランニングが 進んでいない ようなら やはり私から 提案しましょうか？
先日のモデルプランに 手を入れてメニュー化 できますよ！
むっ
……
…岸本さん
とりあえず この件については 後で話を
ジロリ
あー… すいません
ありがたいん ですが もう少し 俺たちの手で やらせてください！
みなさんに時間を 頂いて集まって もらったんですが
一旦仕切り直し ということで
………

町役場
失敗しちゃったな…
結局何の準備もできなくて
みなさんに迷惑かけて
竹岡さんにはさらに怒られるし…
なさけないなぁ
もっときちんと並行してやりくりしないと
…生
!
岸本先生!
ははい!
ガタ
お祖父様の岸本前議員がいらっしゃいました
え…
お祖父ちゃん…!
どうしてここへ?
やぁ
下で書類を申請する用事があってなついでにお前の顔が見られればと思ったんだ
変わってないな
議員控室《ここ》は
………
…その様子だと順調ではなさそうだな
…はい…
どれラウンジにでも行こうか
少し話でもしよう

なるほどなあ
それで皆に迷惑をかけてしまった
と
ええ
会議の後
竹岡さんには
何のために俺たちここに集まってるんだよ
手が回らないなら俺たちに言えよ！
…って怒られてしまって
そうか
だが確かにその状況ではお前に非があると言われても仕方がないな
はい…
もともと自分がそんなに優秀だとは思ってなかったけど……
そういうことじゃないよかすみ
え？
個人が成果をあげるための仕事のマネジメントが甘かった
という話さ
個人の…
仕事のマネジメント？
ああ
事業のマネジメントがあるように仕事にもマネジメントのやり方があるんだ
それじゃあ
私はそのやり方を間違えていたってこと？

ああ
ドラッカーが言う「成果をあげる能力」だな
それは才能やタイプのいかんにかかわらず
習得が可能なんだ
どういうこと？
結果を出す人と出さない人では仕事に対する習慣が違うということ
そしてその習慣は
誰にでも身につけられる
ということだ
仕事の習慣…？どういうものなんですか？
ドラッカーはいくつか挙げているが…
最も重要なことは「やるべきことをやる」
ということだな
？
それって当たり前のことじゃ…
その当たり前ができてなかったからさっきのかすみの話みたいになったんじゃないのかい？
うっ…

つまり 仕事の目的を見失ってしまっていた
ということさな
仕事の目的…
ああ
「やりたいこと」や「ふりかかってきたこと」ではなく
「やるべきこと」を最優先することが大事なんだ
成果をあげるには手を広げすぎてはならない。一つのことに集中する必要がある。若干の気分転換を必要とするというのであれば、二つのことを行ってもよい。しかし三つ以上のことを同時にこなせる者はいないはずである。…なされるべきことを考えたならば、そこに優先順位を付け、それを守らなければならない。 ――『経営者の条件』P.4
そして絶対的に限られた資源を基準に仕事のペース配分をする
?
絶対的に限られた資源って…？
「何にどれだけの時間をかけられるのか」を考えていけば
おのずと重要な仕事を優先せざるを得なくなるはずなんだ
重要
成果をあげる者は仕事からスタートしない。時間からスタートする。 ――『経営者の条件』P.46
時間だよ
時間は誰にでも平等に流れるうえお金や設備人材のように貸したり借りたりすることはできない
!
確かに…
でも…春光おじさんが「町の人となるべく触れ合うように」って…
すべての機会でそうしろって言ったわけじゃないだろう？

人の成長の助けになろうとすることほど自らの成長になることはない。それどころか、人の成長のために働かないかぎり、自ら成長することはない。経営管理者が自らに対する要求の水準を高めることができるのも、人を成長させようとする努力を通じてである。

——『現代の経営（上）』P.262

今
やるべきことを
最優先する…
数日後──
私は琴川町の老舗旅館に泊まりに来たのでした
この町で一番歴史のある高級旅館だとは当然知ってはいたけれど
こんなに素敵なところだったんだ
内装も端々にまで気遣いが行き届いていて
とても気持ちのいい空間…
お客さんの目線になるってこういうことなのかしら
思い切ってリサーチがてらこうして泊まってみるのは正解だったかも
焦っていたときは忙しいのに全然仕事が進んでる感覚が得られなかったけれど…
いい機会だもの委員会の宿題のこと
春光おじさんやお祖父ちゃんに教えてもらったこと
私なりにじっくり考えてみよう
ちょっとした休憩スペースも素敵…！
あら
あなたお１人でご旅行なの？
ははい
ご夫婦でご旅行ですか？
ええ
そうなんですよ

最近の若い人は女性でもどんどん一人旅をするのねえ
でもわかるわ
いいわよねここゆっくりできて！
毎年この時期は夫婦で来てるのよ
ね あなた
ああ
えっ
…毎年いらっしゃるんですか？
ええ！
…あの…
毎年この町に来られる理由を教えていただいてもよろしいでしょうか？
理由？
ええっと…もっと有名で便利な温泉地も近くにあるのになんて思いまして
そうねえ
なんといっても人がいなくて静かだもの
ああ
温泉に行くならのんびりしたいなってね
大きな観光地は人が多くてせわしないからねえ
ここは人がいないからいいんだよ
落ち着くわよね
そうか…

人が少ないほうが
いいって人も
いるのね…
この歳になって
初めて入った
料理店
こんなに美味しい
なんて知らなかった
建物や景色
お店
住んでいる
人たち…
自分の知らなかった
魅力が探せばまだまだ
あるのかもしれない
でも…
どんな人が
この町に来たいと
思うのだろう？
どこを変えたら
もっと来たいと
思ってくれるの
だろう……？
…あら
もう手持ちが
そんなにないわ
お会計
こちらに
なります
はい
あの
カードで
支払いを
あ
申し訳
ございません
うちは
現金のみ
なんです
えっ
※家族に来てもらいました

解説 2-1

成果をあげるのは「デキる」才能ではなく「やる」習慣

仕事の意義と使命を高い視点で考える

常に成果をあげ続ける優秀な人をよく「デキる」人などというが、これは誤解。そういう人は、生まれつき才能に恵まれていて、人より少ない努力や活動量で結果を出すことができているのではなく、成果をあげるために必要なことを「やる」という習慣を持っているにすぎない。

つまり、成果をあげる能力は、練習によって習得できるものであり、いわゆる「デキる人」に変貌することは、誰にでも可能なのだ。実際、ドラッカーは、数々の優秀な経営者にインタビューをしてきたが、彼らには共通した習慣があった、と指摘している。それが左ページに示した「8つの習慣」だ。

①の「やるべきことを考える」は言い換えると、常に周囲のために仕事をせよ、ということ。仕事とは、誰かが必要とするから生まれている。期待に応えようとすることは、仕事人としての使命だ。

②の「組織のことを考える」は、この仕事は誰に貢献をするのかを常にイメージせよ、ということ。もし部署に貢献できても、会社のためにならない、社会のためにならない活動なら、それは「やるべきこと」ではない。企業の不祥事が好例だが、貢献の対象を小さなスケールで捉えることの愚かさがわかる。

主語を「私たちは」とすると下手なことはできない

①②の習慣で仕事に対する目的意識や使命感を固めた上で求められるのが、③〜⑦の習慣だ。明確なタスク管理、的確な意思決定、情報共有に加え、得意なこと、チャンスに注目するという前向きな思考を大切にしよう。

特に会議の場でも成果を意識することは重要。会議は「人の時間を奪う」という認識があれば、ダラダラ愚痴ったり、成果の出ない人をいじめる場ではなくなるはず。「問題解決のために仕事を振り分ける」「成功例を共有してノウハウにつなげる」など、生産的な機会にしたい。

⑧の習慣は主語を「我々は」にせよ、ということ。「私は」で考えると、情報を独占したり、ミスを隠したりと小さな競争にとらわれてしまうが、「我々は」にすれば、そういう下手なことはしない。「チームで成果をあげる」という意識を持つ人は尊敬され、任される仕事も大きくなる。

成果をあげる人に共通する「8つの習慣」

❶やるべきことを考える	「やりたいこと」ではなく、周囲に求められていることに注力する。期待に応えることにプロとしてのプライドを持つ
❷組織のことを考える	組織の利益のために行動する。ただし、より大きな組織の利益を損なうことのない大局的な視点を持つこと（社会>企業>部>課>所属する係）
❸アクションプランをつくる	目標達成や問題解決のための「やること」を整理し、着実にクリアしていく
❹意思決定を行う	責任者、スケジュール、その活動に影響を受ける人、報告すべき人、理解を得ておくべき人などを考慮に入れた意思決定を下す
❺コミュニケーションを十分に行う	情報共有によって、自分のアクションプランの目的、意図、課題、必要な支援などについて理解を得ておく
❻機会(チャンス)を重要視する	自分の苦手なこと、ダメな部分の克服ではなく、得意なこと、強みのために時間とエネルギーを注ぐ。「できること」のために働く
❼会議の生産性を上げる	会議の時間をムダにしない。目的を明確にし、メンバーを厳選し、参加者には会議への貢献を求める。発見や課題を組織で共有し、次の行動につなげる
❽「私は」でなく「私たちは」を考える	課題や成果について、「私たちは〜○○に取り組む／成し遂げた」のように考え、発言する。「皆のために仕事をしている」という意識を養う

自分の強みとタイプを自覚する

必要な資源	支援して欲しい人	支援して欲しい内容

必要な資源	支援して欲しい人	支援して欲しい内容

必要な資源	支援して欲しい人	支援して欲しい内容

資源に関する発見	コミュニケーションに関する発見	支援を求めるべきだった内容

コミュニケーションの特徴、伸ばしていきたいことなど)

「フィードバック分析」シート

達成日	目　標	クリアすべき課題
年　月　日		

振り返りの日①	期間1/3で達成すること	ここまででクリアしておくべき課題
年　月　日		

振り返りの日②	期間2/3で達成すること	ここまででクリアしておくべき課題
年　月　日		

振り返りの日③（=達成日）	目標の達成度	クリアできた課題
年　月　日		
		クリアできなかった課題

自分についてわかったこと（得意なこと、苦手なこと、課題をクリアできた／できなかった理由、

➡ 解説は54ページ

Column 2

「フィードバック分析」で自分の強みを自分で見つけよう

成果をあげる人の行動習慣は、50ページで紹介した通りだが、こうした活動はすべて、自分の強みを生かしながら実践することで、大きな成果につなげることができる。

限られた時間で最大限の成果をあげるには、強みに注力することは欠かせない。できないことを人並みにするための努力で人生を消費してしまうよりも、自分の強みを現場で鍛えてさらに磨きをかける方が、社会にも貢献できるし、生きがいも感じることができる。

だが、自分を知ることは、とても難しい。自己評価は甘くなりがちで、つい言い訳をしたくなってしまうからだ。

自分の強みや仕事の仕方（タイプ）を客観的に見つけ出す方法として、ドラッカーは「フィードバック分析」が有効だと述べている。

骨子は非常に単純で、3カ月・6カ月などと期限を区切って達成したい目標を書き出す。期限が来たら、達成度と照らし合わせて、「何がよくできたのか」「何がよくできなかったのか」を振り返る。すると自分のキャラクターとして、「人に仕事を教えるのが得意だ」「5人以上のチームをまとめるのは、まだ難しいかもしれない」などと、強みや成長の課題が見えてくる。ドラッカーは、50年間この作業を続け、さまざまな発見と驚きがあったと振り返っている。

目標期間を3つに分け、考察・フォローしたい内容を補足した52ページのワークシートを活用して、フィードバック分析に取り組んでみよう。

Chapter 3

「顧客とは誰か?」を突き詰めろ

事業の目的は顧客のニーズを満たすこと。しかし、ニーズの理解について時間を割くことが疎《おろそ》かにされている場合も少なくない。当然、「売れる」事業を育てることは難しい。顧客を理解し、ビジネス・モデルを構築するためのアプローチを見ていこう。

わかくさ～
わかくさ～
お降りのお客様は
お忘れ物のないよう…
ザワ
ザワ
ザワ
…ふう
ここが
若草村ね
観光客も
結構いるわね
この週末
私は
若草村という
温泉地を
尋ねています
ニャア
わあ
本当に
いる～！
！
旅行雑誌に
載ってた写真
そのままだ～
猫の駅長さん
かわいい！
すごい
いい子そう～
ニィー
駅員さん
だっこは
禁止ですか－？
ええ…
すみません
この子が
駅長のシマさんね
やさしく撫でる
くらいなら
大丈夫ですよ
そっと
お願いします
はーい
写真
とろう！
ニァア
あの…

若草村へ ようこそ
どちらに行かれるご予定ですか？
いえ こちらで前に村おこしをしていた方にご案内いただく約束がありまして…
ああ あなたが！
伺っています
待合室におりますよ どうぞ
ここ若草村は
かつて琴川町と同じように観光客の減少に悩んでいたのですが
村おこしによって客足を呼び戻すことに成功していたのです
満ちゃん さっき言ってたお客様がいらしたよ
！
俊ちゃん ありがとう
こんにちは
以前この若草村の「村おこし特命村長」を務めた赤井 満です
今日はよろしくお願いします

琴川町町議会議員
岸本かすみです
本日はお忙しいところを…
気にしないでください
お役に立てるなら嬉しいです
祖父の人脈で当時 村おこしのプロジェクトを率いていた方に話を聞きながら案内してもらえることになったのでした
まあ叔父さんの頼みは断われないし……
?
ではさっそく
どうぞこちらへ
ザワ
ザワ
!
わあ…
大きなオブジェ！
インパクトがありますね
駅を出たところで「若草村に来た！」って驚きを感じていただこうと
石川香々美さんに創っていただいた作品で…
彼女の発表作品の中でもこれは特に大きいものなんです
ザワ
ザワ
まあ！
石川香々美さんって元モデルで芸術家の方ですよね？
あんな有名な方に!?

ええ
若草村在住ということでいろいろ協力していただいてまして
この他に例えばお店の種類ごとにアイコンをデザインしてもらっています
店先に提示されたアイコンを見れば一目で何屋さんかわかるようになっているんですよ
居酒屋
レストラン
温泉
etc…
へえ…
…でもこれだとクセが強くて印象が固定化されすぎるんじゃないのかしら…？
！
スタンプラリーも村でやってるものなんですか？
村内スタンプラリー
スタンプ押します！
ええ
村内をウォーキングしてスタンプラリーができるようになっているんです
観光のメインである温泉に浸かりつつ健康になってもらおうというのがこの村のテーマなので…
え
スタンプ台を設置するのではなくお店の人が押す形式なんですか？
自然スポットには台を設置してますがお店に関してはそうですね
大変じゃないですか？
お店の人も利用者も…
だからいいんですよ
フフ

……？
時はさかのぼり
前回私がリサーチした琴川町を後のこと――
なるほど
「静かで人がいない落ち着いた環境だからリピートしてくれる人がいる」と
ええ
日本人では都心やその周辺に住んでいる人たちにリピーターが多いみたいで
なんとなくですけど
移動や人混みが大変な長旅は避けてゆっくりのんびりしたいというニーズが多いのかなと思って…
飲食店などもこだわりのある美味しいお店が探せば出てくることにも気づいたんです
ふむ
良い視点だと思うけど
まだ甘いところがあるね
え？
「静かでゆっくりできる」都心近くの温泉地なんていくらでもありそうじゃないか
それだけじゃ「琴川町ならでは」というには厳しいよ
そ
それは確かに…

もっと顧客の姿を具体的にイメージして
その価値観を突き詰めて考える必要があるね
つっ
はい…
「顧客は誰か」との問いこそ、事業の目的とミッションを定義するうえで、最初に考えるべき最も重要な問いである。…この問いに対する答えによって、企業が自らをどう定義するのかが決まってくる。
——『マネジメント（上）』P.100
そうだ
近隣の自治体の成功例を見てみるといい
面白い村があってね
久男さんなら担当者にツテがあると思うよ
具体的な顧客の姿、か
そんなものなのかしら
こちらのパン屋さんは村で採れたブルーベリーを使ったパンがすごく人気なんですよ
今は時期ではないので
収穫時期に冷凍した果実を使用しているんです
なるほど…
ちょっと待っててくださいね
商品…
顧客は
①買って欲しい人
②買ってくれた人
（対象としていないのに買ってくれた人）
③潜在的な人
（買って欲しいのにまだ買っていない人）
の3種類に分けられるんだ
はい お1つどうぞ！
！
あ ありがとうございます…
収穫時期には畑で採った果実でパンを焼く体験教室もあるんです
農家さんとも連動して収穫体験などもできるようになっています
楽しそうですね

えっと…
あ！
いらっしゃいませ！
桃の湯
よかった ここから歩いて5分くらいの温泉宿が空いてるみたいです
？ はい…
どうぞごゆっくり おしぼりをどうぞ！
あ ありがとうございます
ここは立ち寄り湯もできるし休憩室があるんです
人を呼びますので休んで待っていましょう
？ ははい
サイトで？大変じゃないですか？
システムを構築するまでは確かに
でもだから意味があるんですよ
本当に混み具合に丁度いいですね
ええ
特にシーズンはある程度知名度の高い宿にお客さんが集中してしまう問題があるので
立ち寄り湯の混み具合をウェブサイトで確認ができるようにしたんです
？ チャレンジすることに意味があるみたいな…？
というよりは「提供するのが面倒な」商品やサービスにはそれだけで価値があるってことですね

そういうものでしょうか…
そのサービスにピタッとハマる人は必ずいますから
…………
よ
満
!
香々美さん!
思ったより早いですね
ついさっきLINE送ったのに
ふふん
満の頼みとあらば天下の芸術家さまだって馳せ参じるのさ
もー何言ってるんですか
わははは
丁度近くにいたんだ
冗談冗談
——それで
琴川町の観光事業を盛り上げる参考になればってことでご案内してたんです
ふーん
すすごい本物の石川香々美さん…!
であんたが町議会議員の?
はは はい!岸本かすみと申します!
それにしちゃあんた釈然としてないみたいだけど?
え
何かわかりづらかったところありました?
あ いえ

というか…
そもそものところで私
つまずいていまして……
素敵な旅館やレストランもお客さんが入らなければ意味がないですよね？
琴川町のよいところは私も見つけつつあるんです
でも「どんな風にアピールしていけばよいのか」がわからなくて
それとこれは人から教えてもらった話なんですけど
お客さんは3層いるという話があって…
①買って欲しい人
②買ってくれた人
③潜在的な人
ああなるほど
確かに「人がいない静かな場所でゆっくりできること」を望む人ではちょっとターゲットにする顧客像としては漠然とし過ぎていますね
ええ
特に「この①と②を混同するなよ」と忠告されまして
言えてますね
「誰に売りたいか」を明確に自覚していないのに「売れた」とか「売れない」とか言うのは
行き先の港が定まっていないのに順風か逆風かを判断するようなものですから

予期せず買ってくれた人の動機には「予期せぬ成功」のチャンスもあるが
そこに振り回されるとビジネスの軸がぶれてしまうとも…
それって
ペルソナがどうこうって話じゃないの？
それならその「買って欲しい人」をどう突き詰めたらいいのか………
「それが顧客の価値観を究めることにつながる」と言われたのですが
その辺がさっぱりで…
なあ　満
だと思います
？
ペルソナ…？
ペルソナっていうのは
「理想的な顧客」の具体的なイメージのことですね
「顧客は誰か」を考えるとき顧客「層」で考えると「何を打ち出すか」があやふやになってしまうんです
だから1人の人物をイメージして
その人を喜ばせるにはどうしたらいいかを考えるんです
たった1人？
ええ「たった1人の顧客に売るためにどうするか」と考える

そうすることで
ビジネス・モデルを
シンプルに具体化
できるんです
先ほどこの村の
ターゲット顧客について
「健康増進に興味がある人」
みたいな話をしました
けど
本当は
「榎本洋平さん56歳
大手企業の
サラリーマン
年収は850万円
2人の子どもは
独立しており
東京都三鷹市にある
一戸建てに夫婦で
暮らしている
趣味は国内・
海外旅行
観劇などの
芸術鑑賞
英語は日常会話程度
好きな作家は
池波正太郎
定年を意識して
夫婦の時間を
大切にしたいと
思い始めている
そこで
夫婦で健康増進のため
ウォーキングを
続けている……
という
具合です
ははあ…
この他
所有する車
よく読む雑誌・
インターネットの
サイト
好きなブランド
子どもの教育観
仕事の価値観
休暇の過ごし方
友人関係……
などなど具体的に
決めていくんです
ま
架空の
ターゲット客の
履歴書を作成する
みたいなもんだな
こうすると
「じゃあ、榎本さんに
喜んでもらうには
どんなサービスが
いいだろう？」って
話し合いができる
「これはアリ」
「これはナシ」も
判断しやすいん
ですよ
例えば
榎本さんは
旅行先での触れ合いを
楽しみにしていそう
だから
スタンプラリーを
通して地元の人と
会話のきっかけが
できたらいいのでは
とか
ちょっとした
ことですけどね

フットワークが軽そうだから1日の間にも徒歩であちこち出かけるんじゃないか
収入にも余裕があって見聞も広いから
高くても良いもの珍しいものが食べたいんじゃないか
などなど
その積み重ねが「若草村の顔」になっていくんです
イノベーションは、規模が大きいほどよいのではない。逆に小さいほどよい。
——『創造する経営者』P.194
先ほど入り口で渡されたおしぼりも榎本さんならああした小さな心遣いがわかる人だろうから
という想定で立ち寄り湯で統一したサービスを行ってるんです
ちちょっと待ってください
お客さんを1人に限定したら話が単純になるのはわかりますけど
でも実際はいろんな人がいるから難しいわけで……そういうサービスがイヤな人はどうするんですか?
それは…
バッカだな〜
は?
ちちょっと香々美さん
鈍いんだよあんた
ひー
全員に気に入ってもらうなんてそもそも不可能だろ?
アートの世界だって何世紀も前に創られた芸術作品が今も世界中で愛されているなんて話はいくらでもある
その作家は「未来の日本人に気に入ってもらえるように」作品を創ったと思うわけ?
いいいえまさか

注文したパトロンを喜ばせるためとか
単に自分が創りたいからだとか
そんな思いから生まれて生き残った作品でも
今の人たちは感動するんだよ
ヒット曲でもいいや
「愛する誰々のための歌」なんていくらでもあるじゃん
ええ ええ…
ピンポイントで「誰か」に向けて創られたものだからこそ作品が尖る
そんな風に尖った部分は必ず「誰か」以外の心にも刺さる力を持っているんだ
芸術の場合それで当たり外れが生まれてしまいますから
私たちはその辺マーケティングをちゃんとしないといけないですけどね
まね
誰にでももってわけにいかないのは当たり前!
それを怖がってちゃ動けないのさ
1人すら喜ばせられない観光地には他の人も来ないでしょう
逆にそれができれば必ず近い感じ方を持った人の心に訴えることができます
ファンをつかむことができるんです
ペルソナへのPRに成功すれば
「買ってくれてもいいのに買ってくれない人」にも振り向いてくれる人はきっと現れます!

「世界に1つしかないもの」を探してみるといいですよ
え!?
ONLY ONE!
そそんなものあるわけないですよ
ほー
世界とは大きく出たな〜
えーと
大変なら「日本に1つしかない」でも
それもさすがに…
本当ですか?
例えばさっきのパン屋さんブルーベリーを使ったパンでは多分日本一の評価を持っています
つまりあんなお店は日本に1つしかないんです
そんなものでいいんですか?
もちろん規模はなんでも
それを打ち出してペルソナが「おっ?」と思うかどうかが問題ですから
香々美さんの作品で案内を統一している場所も世界で若草村しかありません
他にも景色とか歴史的な建造物とかも世界に1個だけといえますよね?
…琴川町には有名な武将が戦傷を癒やしたという伝説が残る温泉がありますが…
おお いいですね!
滝や洞窟もそうだし
ハイキングコースで富士山が見える場所があれば「こんな富士山が見えるのはここからだけ!」という言い方ができるんです
そうか…

私…
「観光客」という概念でしかお客さんを考えていなかったんだわ
どうやってお金を遣ってもらおうかとばかり考えていたのかもしれない
あとは琴川町ならではの強みとは何か…
琴川町商工会館
数日後 商工会館
観光事業推進委員会 第3回
本日はオブザーバーの西島さんは欠席
逆に
前回前々回と欠席だった平塚さんと杉沢さんが出席です
さらに代理のオブザーバーとして大宮さんという方にいらしていただきました
ペルソナの
……というわけです
お手元の資料に琴川町が狙い目とするペルソナ像を示してあります
へー なるほどなあ
琴川町が狙うペルソナが決まるから手持ちのコンテンツを「どう打ち出すか」について検討できるってわけか
はい

その人のアンテナにひっかかるような見せ方やPR方法も考えられますし逆に改善すべき点も見えてくると思います
機会は見つけるものという。機会はやって来るものとはいわない。…事業の機会を体系的に発見し、それを開拓する企業だけが、繁栄し成長する。
──『創造する経営者』P.198
琴川町にとっての理想の顧客像か
江崎さんと一緒に国内外で3パターン考えてみました
観光事業の改善をこのペルソナに沿って進めていきたいのですが
そのために今日は平塚さんと杉沢さんにお願いがあるんです
え?
な
なに?
それで昨日俺に2人にどうにか出席してもらうよう頼んできたのか…
大宮さん私から話しても構いませんか?
ええ
どうぞ
会議は次回に続きます

解説
3-1

「誰に売るのか」を明確に意識する

「なぜ買ってくれているのか？」を探求する

ドラッカーは、企業の使命は顧客を創造することである、と説いた。つまり、顧客本人すら明確には認識していなかったニーズ（不満・不便）を察知し、商品・サービスを通してそのニーズを満たす（問題を解決する）提案をすることこそが企業の役割である、というわけだ。それこそが、その企業が社会に存在する意義であり、できなければ、事業をする意味がない、という話になる。

では、自社にとって顧客とは何者なのだろう。それを知るには「顧客が本当は何を買っているのか」を理解する必要がある。高いお金を出して高級車を買っている人は、「車」を買っているのだろうか。単なる移動の手段なら、もっと安い車でもいいはず。ある人は「高級車に乗れるほど自分は成功した」「俺は人と違う」みたいなステータス感を買っているのかもしれない。またある人は、（それに加えて）安全性や乗り心地、デザインの気持ちよさといったものを買っているのかもしれない。

顧客が何を買っているのかを知るのは、顧客に聞くのが一番。「どうしてうちで買ってくれるんです？」と率直に聞いてみよう。意外な答えが返ってきたら、知らなかった強みに気づくことができる。

顧客の姿をたった1人に絞り込む

一方で、顧客像をより具体的にイメージし、「誰に売るのか」を明確に共有することが「攻め」につながる。その際、顧客を「層」で考えると、属性が曖昧になってしまう。「本来のターゲットは都市部の若い社会人男性だが、地方に住む人にも買って欲しい」などとつい欲が出て、具体的なPR方針がぼやけてしまうからだ。

そこで実践したいのが、顧客の姿をペルソナと呼ばれる理想の1人に絞り込むこと。ペルソナは、自社商品の一番の理解者であり理想の顧客。どんな人かを具体的にイメージすると、売り方が見えてくる。

実際の顧客には下図の3パターンが考えられるが、まずはペルソナを固め、その人に売るつもりの活動に注力する。そうすると、強く共感する人から顧客になってくれるため、事業に安心感が生まれやすくなる。

「顧客」とは何者なのか？

3種類の顧客

❶ ペルソナ

理想の顧客像。一番に買って欲しい人。事業を整備し、サービスを煮詰め、試行錯誤を行う際は「ペルソナを喜ばせるには？」と考えながら工夫をする

❷ 買ってくれた人

性別、年齢層、購入目的など、対象としていない属性なのに買った人。ニーズに応えようとしてすり寄ると、事業の軸がぶれやすい（ただし、「予期せぬ成功」として飛躍のチャンスでもある）

❸ 潜在的な人

ペルソナの属性に近く、買ってもよいはず（買って欲しい）なのに、まだ買っていない人。「なぜ購入に結びつかないのか」を分析する必要がある

解説
3-2

「この人に喜んでほしい」のイメージを膨らませる

「みんなに買って欲しい」では誰にも買われない

自社の商品・サービスを最大限に認めてくれる理想の顧客像（ペルソナ）を1人描き出すことは、小さな市場で確実に顧客をつかんでいくためには、不可欠だ。無尽蔵に広告に資源を費やせればいいが、それは不可能。価値観が多様化する現代の市場では、できるだけいろんな人に気に入ってもらおうとすると、事業や商品に特徴がなくなってしまう。

それよりも、コアなファンをつかみ、そこから波及させていく方が、成功の〝打率〟は高まっていく。そこで、確実に買ってくれる人の姿を具体的にして、その人の琴線に触れる商品・サービスを開発し、「あなたのためにつくりました」と言えるほどに内容を煮詰めていくことが効果的なのだ。

ペルソナを考える際は、できるだけ細かく設定をすること。名前はもちろん、年齢、身長、体重、職業、住まい、家族構成、年収、趣味、所有する車、よく見るメディア、好きなファッションや食べ物、応援するチーム、生活サイクル、子どもの教育観、価値観、休日の過ごし方、友人関係、悩み……など。あなた自身にも無数の属性や嗜好があるはず。それと同じように、ペルソナを肉付けしていくのだ。

ペルソナが決まると売り方が決まる

ペルソナが固まったら、それを「○○さん」と名前で呼び、「○○さんに喜んでもらうにはどうしたらいいだろう」と考える。どこで、いくらで売るべきか、どんな特徴をうたうべきか。お店なら内装や品揃え、陳列方法、接客、イベントや販促の内容・手段などの細部が見えてくる。例えば販促メールにしても、「平素よりお世話になっております。この度は……」などと平板なものではなく、「こんにちは！」で書き出すのもアリでは？　などと、アイデアが浮かんでくる。

つまり、ペルソナを固めることで、ビジネス・モデル（売る仕組み）がシンプルかつ具体的になっていくのだ。1人の心を打つ商品は、それに近い感性の人の心にも必ず届く。好きな人を想うように顧客を想い、心を込めた仕事をすれば、着実に支持は広がるのだ。

「ペルソナ」が決まると、事業の細部が見えてくる

ペルソナのプロフィールをつくり上げる	事業の価値をすべて理解してくれる最高の顧客として、たった1人をイメージ
「ペルソナ1人だけに売る」方法を考える	ビジネス・モデルがシンプルになると同時に、どこに力点を置くか、細部をどうつくり込むかなどが見えてくる（挨拶の仕方は？ 制服のデザインは？ 内装は？ 色は？ 大きさは？ などの具体的な部分）
必要に応じて再設定する	売上目標に届かない場合は、ペルソナの設定が事業の姿にマッチしていないかも？

事業の特徴と強みの見つけ方

①事業の強みを探す

●**評価の軸**（あてはまると思う数字に○をつけてみましょう）

事業の特徴・他社との異質性（ポジショニング、独自化）				
常識の徹底度	1	2	3	4
コンセプトの矛盾度	1	2	3	4
業界の非常識度	1	2	3	4
業務の遂行レベル（組織能力、コア・コンピタンス）				
品質	1	2	3	4
価格	1	2	3	4
納期／時間	1	2	3	4
サービス	1	2	3	4
柔軟性	1	2	3	4
伝達力	1	2	3	4
買いやすさ	1	2	3	4

●**評価の内容**

事業の特徴・他社との異質性（ポジショニング、独自化）	
「4」のレベル	非常に明確に違いがわかる
「3」のレベル	他との違いは識別できる
「2」のレベル	説明されると違うような気がする
「1」のレベル	まったく違いがわからない
業務の遂行レベル（組織能力、差別化）	
「4」のレベル	業務の遂行レベルが極めて高い
「3」のレベル	他社と比較しても業務遂行レベルは高い方である
「2」のレベル	他社並みである
「1」のレベル	お金を頂くレベルとは言い難い

②事業の「何を尖らせるか」を決める

明確 ↑ 事業の特徴・他社との異質性（独自性） ↓ 不明確

4	4-a 10 ～ 15%	3-a 15 ～ 20%	2-a 20 ～ 25%	1 25%超
3	5-a 5 ～ 10%	4-b 10 ～ 15%	3-b 15 ～ 20%	2-b 20 ～ 25%
2	6-a 0 ～ 5%	5-b 5 ～ 10%	4-c 10 ～ 15%	3-c 15 ～ 20%
1	7 マイナス	6-b 0 ～ 5%	5-c 5 ～ 10%	4-d 10 ～ 15%
	1	2	3	4

低い ←― 中核となる業務の遂行レベル（差別化） ―→ 高い

・目指すべきポジションは 1 ＞2-a＞2-b＞3-a＞3-b…の順が理想
・%の値は設定しうる利幅の目安

➡ 解説は78ページ

Column 3

事業の独自性と業務レベルを評価して勝負所を見つける

自社の事業のどこに高収益を達成できる伸びしろがあるのか。それを客観的に見つける手がかりとなるのが、76ページに載せている「事業の強みを探す」ワークシートだ。

まず「事業の特徴・他社との異質性」の評価によって、事業コンセプトやスタンスの独自性が見えてくる。「常識の徹底度」とは、業界で当たり前とされている商品・サービスの体制がどれだけ徹底されているかのこと。民生機器の製造業者では1年以内の故障は無料保証が常識だが、その対応の徹底度を振り返るだけでも、事業の強みの印象は変わってくる。

「コンセプトの矛盾度」とは「○○なのに□□」という性格づけのこと。「すべて手づくりなのに安い」「シンプルなのに多機能」などが、本当に強みになり得るレベルなのかを評価する。「業界の非常識度」は、「あり得ないこと」がどれだけ特徴として際立っているか。素材、接客、配達方法、営業時間などさまざまな場面でチェックしてみよう。

「業務の遂行レベル」のほうは、項目に入れたような内容で事業の対応力を評価する。適宜入れ替えてもいいだろう。

両者をそれぞれ総合的に評価して4段階で点数をつけたら、左のマトリックスに照らし合わせて、自分の事業がどの位置にくるのかを確認しよう。右上に行くほど、独自性もクオリティも優れており、高い収益率が期待できる事業であるといえる。

逆に、独自化も差別化もレベルが低いなら、それに相応しい低い収益率に甘んじざるを得ない。まずは、現状の立ち位置を冷静に把握しよう。

Chapter 4

人を動かすマネジメントとは？

経験を積めば、リーダーとして「人に成果をあげさせる」ことが要求されるようになる。命令と権力に頼るリーダーは、メンバーの本気を引き出すことはできない。ドラッカー流の「人を動かす」ポイントを本章で見ていこう。

前回の会議の続き――
まずは一番大事な提案をさせてください
クレジットカード導入!?
なんで俺たちだけ？
不公平じゃないですかそんなの！
平塚 雄二
洋食店を経営
杉沢さんもそう思うだろ!?
え ええ…
杉沢 武夫
土産物屋を経営
いえあのお2人のお店「だけに」ということではないいんですが……
「成功事例で注目を集めて町全体に広げていきたい」ってのは結構ですがねえ
なんでそれがうちからなんですか？
体《てい》のいい実験台じゃないですか！
「カード払いに対応しろ」って簡単にいいますけどね
5%、10%手数料で利益が減るんですよ？
も もちろんおっしゃることはわかります

たただ
町の活性化のために
ペルソナのニーズを
考えますと
ええ
当方でも
ツアー企画も
組みやすいですし
フリープランの
お客様にもここを
おすすめしやすく
なりますね
えっと
…GーSの
大宮さん？
あなた代理の
オブザーバー
でしょ？
若草村の観光
プロジェクトに
関わった経験が
おありとのことで
当時の担当者の方に
オブザーバーとして
ご紹介いただいた
んです
ええ
改めまして
よろしく
お願いいたします
大宮 義一郎
都内旅行代理店勤務
若草村の観光
プロジェクトに尽力
外部から人を呼んだ
ところでねえ
…初回の会議の話
聞いてるよ？
フン
！
あんただって
自分の会社が
儲かればいいって
クチじゃないの？
もちろんそこまで
話が膨らめば
嬉しいですね
…でも
観光地としての
「この町らしさ」を
追究して初めて
私共にもビジネスの
機会がいただけるもの
と理解しています

要は この町の「売り」が つくれなきゃ そっちも商売に ならないってこと？
ええ そういうこと です
それなら利害は 一致するな 単にコンサル料や 研修料で儲けようって 話じゃないんだし
…………
ムス…
都内近郊から 頻繁に来て くれる人
国内の遠隔地から 長めの宿泊をして くれる人
そして 海外からは 日本に来慣れていて 3度目、4度目の 日本を過ごすのに 相応しい場所を 探している欧米人を ターゲットにする
俺も岸本先生の 狙いはいいと思う
客単価が高い お客さんに 集中的に資源を 投下していこう
という考え ですよね
ええ それで クレカ導入の話に つながるんです
何度か平塚さんの お店に客として 伺ってるんですが こんな光景を 目にしたことが…
この後 ATMに 寄っていい？
いろいろ 買いすぎ ちゃったかも～
現金が 足りないかも…
私も 出そうか？
え～ 駅まで 戻るの？
……ム

そりゃ お客さんには 不便だな
欧米では少額でも カード払いが 当たり前ですからね
ああ
会計の煩わしさ から解放するには ホテルや旅館以外の 飲食店・販売店も クレカ払いに対応 したほうがいいのは 当然だよな
フン
ボソ
現金商売の代表格の 八百屋に言われても ねえ…
ああ!?
と とにかく
都市生活を普段 送っている お客さんの目線 からすると カードが使えない っていうのは 「あり得ない」こと なんです
なんとか 改善の方向へ…
へー
うちのやり方が 「あり得ない」ですか!
じゃあ 利益が落ちたら町が その分を補填して くれるんですか?
そ それは
人の商売に 口出しして リスクだけ 負わせて…
そりゃ あんまりでしょ!

悪いけど店でミーティングがあるんで
ガタ
あ
じじゃあ私もこれで…
ガタン
あ…
……………
バタン!
…まあねえ
フウ
先生の気持ちもわかりますが
ああした話は難しいですよ
彼らにとっちゃ死活問題ですからね
はあ…
竹岡くん
君も前回の会議で「自分たちでやってみたい」なんて威勢のいいことを言ってたけどさ
!
こんな形で意見が割れるなら西島先生にお任せしていたほうがよかったんじゃないの?
………
ま
とりあえずこの件は現状維持で様子を見ようじゃないか

進展なし　でしたね
すみません　せっかくご足労いただいたのに…
ったく　あいつらときたら
自分とこが順調だからって守りに入ってやがるんだよ
でも　メニューはいつも工夫されているみたいですし…
…実際のところどうするよ？
大和田さんに無理言って西島さんに引っこんでもらったのに
いきなり手詰まりだ
委員長の大和田さんのメンツを潰した形になってしまいましたね…
このままじゃ委員会がバラバラになっちまうな
そうですね
平塚さんになんとか前向きになってもらわないと…
――メンバーのやる気を引き出し
行動を導き出して成果につなげる…
小さくても　これは
組織のマネジメントの問題ですね

マネジメント？
！
大宮さん
その話
教えていただいても
よろしいですか？
いや
私も先生に語る
ほどのものが
あるわけでは
担当者の方から
こういったことは
大宮さんもお詳しいと
伺っています
ぜひ！
担当→
俺からも
頼みます
…そうですか
では
僭越《せんえつ》ながら
人を動かす
マネジメントで
もっとも重要な
ことは
組織の目的に従って
「やる気を引き出す」
ことです
やる気があれば
辛くても頑張れるし
失敗しても挫けない
ええ
それはわかります
ああ
その
やる気を
出すのが
難しい
重要なことは
組織の目的と
個人の目的意識が
矛盾なく両立する
ように導くこと
なんですよ
平塚さんが
難色を示したのは
「何のために
やるのか」
「どんな成果が
得られるのか」
それが見えづらかった
からでしょうね

クレカ導入の目的は琴川町の観光事業を盛り上げるためだが…
それは組織の目的でしょう
平塚さんは今のお店を継いで経営されてるのですか？
いや 県外から移住してレストランを開いた人ですね
だが平塚さんの胸に刺さる目的ではなかった
彼自身の使命感や価値観にもマッチした訴え方をする必要があったということです
何のために？
それは聞いてないな…
静かな環境で思い通りの商売をやってみたかった
とかかね
うーん
あるいはお客さんの回転数を気にせず料理を追究したかったとか…
仮にそうだとしたら「なぜクレジットカードを導入するのか？」という問いには
平塚さんのそんな思いと重なる意義を訴える必要があった
…つまり彼の目線で「これは重要な仕事だ」と思えるような伝え方をすべきだったってことか
そうすれば反応は違っていたでしょうね
人は誇れるものを成し遂げて、誇りを持つことができる。さもなければ、偽りの誇りであって心を腐らせる。人は何かを達成したとき達成感を持つ。仕事が重要なとき、自らを重要と感じる。
――『現代の経営（下）』P.167

意義…例えば「カード払いにも対応すれば手持ちの現金のことを気にせず平塚さんの料理をもっとゆっくり味わってもらえる」とかでしょうか？
例えばそうですね
どんな成果が得られるかについては
客単価や満足度の上昇を裏づけるデータもあるとよいかもしれません
私…準備不足だったんですね…
あとはやはり「この仕事で成長を予感できるかどうか」でしょう
成長？
単にカードに対応するだけで…
そういう風に仕事を渡す側が「大した仕事じゃないんだが」という態度でいたら
相手は決してその仕事に魅力を感じないでしょう
威圧したり権力を使って無理やり動かさざるを得なくなってしまう
！
わ悪かったよ…
「この仕事で新しい何かを得られそうだ」と平塚さんに思ってもらう必要があった
ということですね

・対応力が上がる
・客層を広げるチャンスに
・地域で先陣を切って成功すれば尊敬を集められる
などなど
う－ん…
要は本人にとってのメリットですね
それがあればもう少し聞く耳をもってもらえたと思います
言い換えれば可能性に注目するということなんです
問題ではなくチャンスに注目する
「できないから困る」ではなく「できたらどんなに素晴らしいか」を考えてみるんです
人に成果をあげさせるためには、彼らを問題、費用、敵としてでなく、資源として見なければならない。すなわちマネジメントたる者は、人の強みを効果的たらしめるという責任を果たさなければならない。
――『マネジメント（上）』P.341
問題ではなくチャンスを見る…
そのほうがワクワクしませんか？
仕事にワクワク感を与えるのは上に立つ者の役割だろうと思います
…よし じゃあ先生
ガタ
その方向でもう一度平塚さんに当たってみてもらえるか？
え ええ でも…
そろそろ配達の時間だし俺はもう行かねえと
じゃ大宮さんいろいろどうも！
ああ はい ではまた
………

…どうしました？
お話はわかったんですけれど
私の説得で平塚さんが動いてくれるかどうか…
同業者という訳でもないし
若輩者と思われてそうですし…
ふむ
それなら
こんな手はどうです？
翌日――
八百竹です
まいどー
いつも悪いねー
よしと
…次は大和田さんのホテルに納品か
大和田さんもなあ
ちょっとは周りを引っ張ってくれりゃいいんだが…
ブロロロ…
…あれ？
彼女だ
昨日の件で来てるのか？
これは岸本先生
わざわざご足労いただいてすみませんねえ
いえ大和田さん
お時間をいただきありがとうございます

昨日の会議では申し訳ありませんでした…
はは いやもう過ぎたことですよ
…なるほど
クレジットカード導入の件で平塚くんを説得してほしいと
――それで話というのは？
はい 実は大和田さんにお願いが…
大和田さんのホテルは本件では導入のお手本のようなところですから
悪い気はしませんが
…しかし移住してきた方にこちらのやり方を押しつけるみたいな形になるのはね
！
やっぱり… 事前に予想した通りだわ
いえ 説き伏せてほしいというのではないんです
こちらのホテルが導入された際のエピソードを話していただければ と
？
どういうことだね？
どういう経緯で導入に踏みきったのか どんなところで戸惑ったり苦労されたのか 逆にどんなメリットを感じていらっしゃるのか……
ああ なるほど
自分のことを話すだけなら まあ 決めるのは向こうなわけだからね
ええ そういうことです

昨日
……上司のマネジメント？
厳密には大和田さんは上司ではありませんがね
大和田さんはこの委員会の委員長をされており
老舗ホテルの経営者として地域の自営業者たちにも一目置かれているでしょう
平塚さんの考えを直接変えるのが難しいなら少し手を回してみるといいかもしれません
でもあの方はどうでしょう動いてくださるかどうか…
事なかれ主義だし…
岸本先生
！
ははい
人を通して成果をあげたいときは
その人の可能性に注目するんです
できない部分ではなく
できる部分を認める
上司も人です
弱みを責められたり苦手な仕事で幻滅されたりしたら
やる気なんて湧きませんよ？
どんな一流の人物だって弱い部分だけ取り上げれば凡人以下だってことはあり得るんですから
………！

センスは抜群だけど気性の激しい人だったり
空気が読めなかったりするクリエーターとかね
ん？
な
なるほど…
でも
そうしたらどうすればいいんでしょう
強みが眩しいほど弱みの影は濃くなるものです
ついそこに目が行きがちですが
上司であろうと弱みに注目して「なんで動いてくれないの？」
なんて思っても仕方がない
その人の弱みをカバーしてあげればいいんですよ
大和田さんが強みを発揮しやすいようにしてあげる
それが「上司を動かすマネジメント」なんです
…大和田さんの強みと弱み…
経験豊富な大和田さんのお話は
それだけで若手の自営業者にとってすごく勉強にも刺激にもなると思うんです

特にお金のことが絡みますと複雑で大変ですし
苦労している自営業者さんは多いのでは…と
素人ながら感じておりまして
ああ まあ確かにねえ
本業には熱心だが経理や税務がお粗末でお金を捨てているような人は多いね
十年以上も白色申告のままなんて人もいるし
びっくりするよ
はは…
事なかれ主義だとか
変化を好まないとか
大和田さんの弱みに注目していても意味がない
なかなかそういう方々は頼れる人がいないと思うんです
クレジットカードの件も私が平塚さんに急に提案したせいで余計な不安を抱かせてしまったようで…
ふむ そうですな…
まあ
押しつけるのはどうかと思いますが
「うちはこんな風にやっている」というような話であればある程度はできますね
レストランも別会計でやってる部分がありますし

本当ですか⁉
もし興味がおありでしたら
うちを担当してるカード会社の人を紹介してもいいですよ
ぜひ
助かります…!
大和田さんの経理、財務の知識
それに人脈の広さを活用させてもらえばいいんだ
上司の強みを強調し、上司が得意なことを行えるようにすることによってのみ、部下たる者も成果をあげられるようになる。…したがって「上司は何がよくできるか」「何をよくやったか」「強みを生かすためには何を知らなければならないか」「成果をあげるためには、部下の私から何を得なければならないか」を考える必要がある。
——『経営者の条件』P.128

江崎さんにも相談してデータを集めてもらってみます
ええ
頼みますよ
こうして
行き詰まりかけた「クレジットカード導入問題」に
新たな糸口が見つかったのでした

解説 4-1

得意なことを任せるから人は動く

リーダーならば人の可能性に注目すること

ここでは、ドラッカー流の「人を動かす」方法についてみていこう。

メンバーのやる気を引き出すことは、事業の成果のために必須。「それは部下に対する上司の役割でしょ?」などと、限定してしまうのではなく、誰が誰に対しても、その姿勢は重要だ。部下には上司のやる気とパフォーマンスを引き出す役割があるし、事業パートナーや取引先に対しても同様なのだ。

そのポイントは左ページ図にまとめているが、要するに「人の強みに注目し、公正に評価すること」といえそうだ。人は得意なことを任されたとき、やる気が湧くし、結果を出せれば、「自分は皆の役に立てる(自分には価値がある)」と自信を持つことができる。仕事を任せた相手に対して、「またこの人と仕事がしたい」という気持ちにもなり、信頼関係が高まっていくのだ。

ただし、仕事の信頼とは〝仲良しこよし〟のことではない。馴れ合いでなく、「公正に評価されていること」を通して高まっていくもの。好き嫌いで仕事の与え方や評価・報酬・昇進などを変えてはダメで、強みで任せ、成果を要求し、成果に注目して評価を下すという誠実さ、高潔さが必要だ。

部下・後輩にもマーケティング志向を働かせる

マーケティングとは、相手の目で現場の景色を見ることだが、それは顧客だけでなく、仕事仲間に対しても心がけたい。人にはそれぞれ違った能力があるし、言われて嬉しい（嫌な）言葉も違う。相手に対し、「どう伝えたら、この人は、この仕事に前向きになるだろう？」と考え、持ちかけ方にもひと工夫することが大切だ。

そう考えると、リーダーの「優秀さ」とは、学歴はもちろん、知識量や処理能力とはまったく異なることがわかってくる。よく部下と仕事の速さで張り合おうとする人がいるが、リーダーの使命は人に成果を出させること。必ずしも、自分が手を動かす必要はない。

自分よりも周りを見る。人の強みと可能性に注目し、それが発揮できるように上司・部下・取引先に働きかけることが組織のパフォーマンスを高めていくのだ。

人を動かし、人に成果をあげさせるには？

「できること」に注目する

苦手なことやダメな部分ではなく、その人の得意なこと、優れた部分に注目し、それが発揮できる仕事を振る。人の話を聞き、よく観察することが必要

人間関係にとらわれすぎない

「自分とうまくいっているか」を気にしすぎない。組織に貢献しているかどうかで相手を評価する。好き嫌いにとらわれない公正さが求められる

成果を要求する

強みで仕事をさせている以上、成果を求めることができる。やり方よりも結果に注目して評価する。自分を中心にするのではなく、仕事を中心にする

チームを基準に考える

「私の手柄」ではなく、「私たちの手柄」を追求する。チームの信頼関係を第一に考え、失敗をごまかしたり言い訳をしない。自分中心ではなく、チームにとって最良の意思決定を心がける

「マネジメント」を実務に活かす！
4

イノベーションを体系的に起こす

チャンスを活かす視点							
		売るモノを			売り方を変える		
	変える	深める	広げる	変える	深める	広げる	変える
	B to Bへ進出	商品展開の再検討	ライセンス事業の設計			インターネット販売	イベントと連携

イノベーション具現化シート

	チャンスを探す視点	内容 （事業・商品・ 出来事など）	売り先を		
			深める	広げる	
1	想定外の成功				
2	通念とのギャップ				
3	顧客の価値観とのギャップ				
4	プロセスニーズ				
5	業界と市場の構造変化				
6	人口構成の変化				
7	認識の変化				
8	新しい知識				
9	新たな利用者を創り出す				
10	価格の意味を変える				
11	顧客の現実に合わせる				
12	本当の価値を提供する				
13	コンセプトを矛盾させる				
14	商品の意味を変える				
例 (5)	業界と市場の構造変化	グローバル化による世界での 日本のサブカルチャーへの関心	B to Cを 深掘り		

 ➡ 解説は100ページ

Column 4

イノベーションのチャンスを網羅的に見つけるには?

イノベーションの機会とそこに対するアプローチを体系的に整理したのが98ページのワークシートだ。

縦軸に並ぶ14の「チャンスを探す視点」はいずれもドラッカーが提唱したもの。「通念とのギャップ」とは、世の中での「普通」と業界や自社内の「普通」とのズレのこと。例えば、メーカーが「消費者は多機能なものを望んでいるはず。多少高くても、理解してくれるだろう」という思い込みを改めて、機能を絞り単純な操作で利用できる安い製品を売り出せば、たちまちヒットするかもしれない、といったことだ。

「プロセスニーズ」とは、事業の工程における悩みのこと。「なぜかある工程が遅れやすい」といった課題を解決すれば、それ自体が業績を後押しする要因となる。「認識の変化」とは、人々の考え方の変化のこと。例えば、今、映画は「借りるもの」から「ダウンロードして（移動中に）観るもの」に変わりつつある。インターネットの普及を経て、動画に対する認識が変化した現実をいち早く新しい事業につなげた結果だ。

「顧客の現実に合わせる」とは「買いたくても（価格や移動距離、重さ、組み合わせなどのせいで）買えない」「もっと自由に選んで買えたらいいのに」など、顧客にとっての不都合を解消することで得られるイノベーションだ。

さて、このようなイノベーションを探す視点から、何を思いつくだろうか。その内容を踏まえて、横軸方向に考察を広げていこう。書けるマスだけ埋めればOK。それが実現できれば、その事業にとってのイノベーションとなる。

Chapter 5

「戦わずして勝つ」状況をつくれ

安定的に収益を上げ続けるためには、ライバル不在の市場をつくりだせばいい。だが、宣伝や供給に総力を注ぎ込んで市場を支配する戦略は、限られた大企業にしかとれない。「ニッチ市場」をつくり、競合の参入を防ぐマネジメントが必要だ。

いらっしゃいませ
お1人様ですか？
あ いや 待ち合わせです
えーと…
ザワ
お いたいた
ザワ
ザワ
よお お疲れさん
！ 竹岡さん
お疲れさまです
ザワ
ザワ
配達中に呼び出してしまってすみません
いやもう終わったから 店番はお袋に任せてるし 1時間くらいなら打ち合わせできるぜ
ありがとうございます
えーと アメリカン ホットで
かしこまりました
…ふーん
なかなかいい感じじゃねえの？
ザワ
ザワ

え？
クレジットカード導入さ
今のところ問題なさそうじゃん
平塚さん最初はあんなに渋ってたのにな
ええ
前の会議でも報告した通り平塚さんとカード会社の担当者を交えての食事会を設けて
大和田さんがうまく話してくださったので…
「それなら面白そうだ」って平塚さんも乗り気になられて
このお店の客単価と売上規模だと1カ月に3～5人お客さんを増やせれば手数料の元は取れますしね
そうね
それも理解していただいて
もちろん業績への影響が具体的になるのはもっと先だと思うけれど…
マイナスのイメージばかりだったのが
実際に活用されている大和田さんから利用価値を率直に話してもらえたのが正解でした
客単価が上がるだけでなく
会計の手間が減ってミスも減るので事務作業を大分軽減できるみたいなんです
へえ
ま 順調なら何より
…でも 先生はよかったのか？

えっ？
「大和田さんのおかげ」だっつって会議であんなに持ち上げてさ
あの人鼻高々だったじゃんか
実質あんたの手柄なのにさ
いえ
本当に
大和田さんやみなさんがいなければ実現できませんでしたから…
岸本先生
いらしてたんですか！
お竹岡さん江崎さんもお揃いで
いらっしゃい
平塚さんこんにちは
お邪魔してます
ザワ
ザワ
いやあ〜本当に
クレカ入れてからいい感じで回ってますよ！
大和田さんの言ってた通り観光で来たお客さんの数字がよくて
おかげさまで手数料は余裕でカバーできそうです
それはよかったです！

どうぞ ごゆっくり
今 お茶のおかわり持ってこさせますから
杉沢さんも平塚さんの様子を見て「検討してみようかな」なんて言ってたわね
結構噂になってるみたいです
私も父に「やっぱりクレカ対応したほうがいいのか？」なんて聞かれました
まあ
江崎さんのところでも導入してもらえればありがたいですね
前回の会議の資料を見せて検討してもらってます
「組織を変えるにはまずは組織の中に成功事例を1つつくる」か
いい傾向だな
ええ
今はまだ新しい試みですけど
これが少しずつ「当たり前」になっていけば…
失礼します
こちら店長からです
わあ
いいんですか⁉

…さて
それで2人で検討してたってのは？
あ はい
クレジットカード以外にもペルソナに合わせた観光地づくりを進めたいと思っているのですが
なかなか事業コンセプトが詰めきれなくて…
事業のコンセプト？
はい
一発でわかるものにしたいんです
ふうん
つまり町全体をどういう形で打ち出すかってことか
例えば海外からの観光客に対してはこんな見せ方はどうかなって思っていまして
えーと
「日本の素顔がここに」
みたいなもんか？
"A True Face of Japan Waiting for You"
ええ
いわゆる賑やかな観光地とは違った静かな一面を打ち出したくて
なるほどね
英語のパンフレットやらも充実させていかないとなあ

そうですね あとはアイデアとしては英語での道案内ができる人にはそれとわかるバッジを配ったりするとか
ああ
「私は英語が話せますよ」ってやつか
English OK
確かに大きな観光地ほど海外向けの案内や情報が充実してないし
海外の旅行者の不安を減らすのにはいいかもな
試してみる価値はありますね
あとそれって広い意味では外国からの旅行者に向けた観光地としてのインフラづくりだろ？
それならフリーWi-Fiを充実させる必要もあるんじゃねえの？
ええ ええ…
それも課題の1つで
今の条例で対応できたとしてもインフラ整備関連の計画を改定させていく必要があるかもなので
町の予算の振り分けが関係してきますよね
ええ
同僚議員も巻きこんでいかないと…
頑張ります
ま
その辺のややこしいところはわからんからさ
よろしく頼むよ議員さん

となると問題は目の肥えた日本人観光客だが…
どうやって「らしさ」をプロデュースしていくかは見えたのか？
………それが…
…今までのリサーチの中で
目立ったスポットをそれぞれ個別の事業としてとらえ、
同業者と比較した異質性・独自性や業務遂行のレベルなどを整理することはできたのですが…
ん～？
？
えーと要するに飲食店や観光スポットで「どの辺が他と違うのか」を探して
「その部分が業務の質としてどれだけ優れているのか」を整理したってことか？
はい
「違う部分」を少なくとも「お金を払う価値のあるレベル」に成長させる必要がありますから…
できればそこを「より変わっている」「極めて高いレベル」にしていくことで「この町ならでは」のスポットを増やしていくことは可能ではないかな と…
いろいろ受け売りだけれど…
ふ～ん…
なんか抽象的でややこしいな

※1…118ページ参照　※2…120ページ参照

なるほどな まこの辺も 興味のある お店なんかを 少しずつ 巻きこんでいく って感じに なるのかね
商工会や法人会の 集まりで話題に してもらって
興味のある業者さん から取り組んで もらえるようにして いければ と
結果を出す お店が出て来れば 関心を持つ人も 増えますよね
ええ
フットワークや 地元への目配りが 必要だし
議員さんには ぴったりの仕事か 忙しくなりそう だな
え ええ ただ…
ただ？
「琴川町」の独自性を どう伸ばしていくか
という問題が 残っていて…
町の姿が 見えないんです
町の姿？
はい
個別のサービス 云々ではなくて
町全体として どんな色を出すか
です

例えば琴川町の温泉は弱アルカリ性で
この地方ではわりと珍しい泉質ですよね
それは独自性じゃないのか？
「肌にいい」のは当然なのですが
飲泉も可能でして
あーそういやそうか
確かにそこはあんまりアピールされてねえなあ
ええ
もっと打ち出してもよいのかなと思っています
宿泊客だからこそ試せる体に負担の少ない効果的な飲み方もありますし
おかゆに使ったりもできるはず…
いいじゃねえか
そういう風に町全体でうたえるものをいろいろと見つけていけばさ
イノベーションが資源を創造する。／人が利用の方法を見つけ経済的な価値を与えない限り、何ものも資源とはなりえない。植物は雑草にすぎず鉱物は岩にすぎない。 ——『イノベーションと企業家精神』P.8
問題は
そういう特色に興味を持って頂く観光客《ペルソナ》を
町としてどうお迎えすればいいのか
なんです

んー
町の雰囲気というか
性格みたいなものか
ええ
「町の印象」に軸を持たせたいんです
そこはやっぱり「おもてなし」なんじゃねえの？
「おもてなし」ですか…
うーん…
何かが違う気がするのよね…
その後もさまざまな観光地などで
調査や視察を重ねたのですが
なかなか琴川町を性格づけるための「これ」というコンセプトは見つからず――
文豪の生家？
へえ…一般に公開されてるのね

いらっしゃいませ
！
無料で館内ご案内できますよ よろしければどうぞ
あ…はい じゃあお願いします
お1人でわざわざ？ よほど歴史に興味がおありなんですね
あ…そういうわけではないんですけれど
まあまずはこちらをどうぞ！
この家は明治×年に建てられたのですけどね
戦争で一部が燃えてしまいまして
まあ…
そのときの出来事はあの有名な○×という作品に…
…で もちろんご存知でしょうけれど
その当時の愛人と言われてる女性がこの写真の…
はあ…
書簡の一部がこちらにまだ残っておりまして
貴重な資料として…
え ええ…
次にこちらの資料が…
どうしよう
ここ1カ所でこんなに時間を使っても仕方ないし
そろそろ他の場所に移動しないと
ああの
あらご質問ですか？
あ いえ
とてもありがたいのですけれど 次の予定がありまして…
あらまあ ごめんなさいね せっかくいらしていただいたのだからと思ってつい
すみません
じゃあ後は簡単にね！
え
こちらの写真をご覧ください
実はこれが…
えー…
こ困ったわ…

ふう…
結局こんな時間になってしまったわ
ちょっと困ってしまったけれど
！
あ…
そうか…
そうなんだわ！
——ほほう
「もてなさない」町か
面白い！
はい
「観光客に構わない町」と言ってもいいと思います
ふむ
考えを聞こうか

琴川町そのものを中小企業として考えてみたんです
京都
箱根
京都や箱根などの有名な観光地は大企業です
それらが追求している「おもてなし」と正面から戦っても絶対に勝てないいなって
確かにな
大企業がすでに確立しているノウハウに中小企業が追随しても面白味は何もない
もちろん最低限の「おもてなし」は必要ですが…
その先を無理に究めても町独自の色にはならないと思ったんです
そこからの「もてなさない」かコンセプトを矛盾させる戦略だな？
はい私たちが設定したペルソナは「経験豊富で目が肥えた人物」です
人生の楽しみ方を知っている人には
押しつけるような観光案内はうっとうしがられるだけだと気がついたんです
観光客を大人扱いするということだな
確かに「ここに行くべき」「ここを見るべき」「これを食べるべき」みたいな観光案内は私も好かん
はい

でもそれは観光客に無関心ということではなく
困ったとき
迷ったときはすぐに助けが入る必要があります
そうだな
放っておかれて手持ち無沙汰
見所も見逃したでは
せっかくの旅行で時間を無駄に費やしたと感じてしまうだろう
ええ
気ままに旅をする人たちは行き当たりばったりで動く場合も多いので
そんな人には気づいた住民が声をかけたり
通りすがりの住民に尋ねやすいような雰囲気づくりをしていくことで
より琴川町を楽しんでもらえると思ったんです
具体的には考えているのか？
例えば「聞いてねバッジ」をつくってお店の人や住民の希望者に配るんです
聞いてね
？
最初は海外向けで英語で案内できる人ということで考えていたんですが
日本の観光客向けにもあっていいですよね
ウリの押しつけはしないが
道案内や聞きたいことがあればバッジを付けた人に気軽にどうぞ
というわけか
ええ
バッジは気分が乗らない日は付けなくてもいいので
負担自体はそう重くないと思います
最低限のおもてなし
それ以上は構わない…

だからこそ自由にのんびり過ごせるが助けが欲しいときはいつでも気軽に利用できる…か
人口も観光客も少なくて静かなこの町だからこそ可能だと思うんです
危険や弱みが事業機会の存在を教える。それらを問題から機会に転化するとき、異常なほどの成果が得られる。時にはそのような転化は、マネジメントの姿勢だけでもたらされる。
――『創造する経営者』P.198
確かにな観光客の数を増やしたいと考えているところや「おもてなし」のイメージが定着した観光地ではマネしたくてもできないだろうな
ええ今までの努力を否定することになってしまいますから
ふっふ
大きな観光地には不可能な立ち位置だ
この方向で煮詰めて
次の会議でみんなにも提案してみようかなと思っています
うむ
住民にも知識のレベルやコミュニケーション力にはバラツキがあるからその辺をどうするかバッジの見た目で区別するのか研修でもするのか…
具体化にはいろんな課題もあるだろうが思いを共有できればそんなものは1つずつ克服していけばいいだけの話だ
やってみたらいいんじゃないか
よかった…!
――はい!

解説
5-1

ライバルがいない独自路線を見つけるには?

戦略を組み合わせることで独自化を目指す

ビジネスにおける勝利の秘訣とは「戦わずして勝つ」こと。顧客にとって価値のある商品・サービスで「自社の代わりはない」という状態をつくりだせば、その企業の業績は向上が期待できる。

ただし、そのためには、ねらった市場において、取り替えが利かない存在になることが大切。

つまり、独自化によって唯一の立場を確保することがその決め手だ。マネのできないビジネス・モデルをつくることができれば、顧客を満足させつつ、正当な利益を十分確保して儲かる仕組みを築き上げることができる。

ビジネスをある市場で独自化させるには、①ニッチ戦略、②ジレンマ戦略、③連携戦略、④変更戦略という4つの大きなアプローチがある。それぞれの戦略のポイントを概観しておこう。

まずニッチ戦略とは、「競争相手が参入しない市場でのビジネスが理想というなら、その状態になるまで市場を狭めていけばいい」という考え方。詳しくは次節で紹介するが、ニッチ戦略による独自化がうまくいっていないなら、市場(対象顧客)の絞り込みが甘いことが考えられる。

マネしたくてもマネできない状況をつくる

ジレンマ戦略は、特に大手企業の追随を阻む上で有効。大手企業は市場で強力な強み（特徴）を持っているが、だからこそ方針を大幅に転換することが難しい。売りにしているコンセプト、多大な投資で開拓した販売網、長年開発・浸透させてきた規格などと相容れない他社商品は、マネしたくてもできない。これらが売れ筋路線の購顧客と被《かぶ》る商品だと、さらに強力な足枷《あしかせ》となる。大企業は「参入してもできない」ジレンマに陥るわけだ。

連携戦略とは、自社の弱みを他社との連携で補う方法。中小企業同士でも、強みを持ち寄れば、強力な事業を構築できる。変更戦略とは、商品の意味づけを変えることで新市場に出て行くこと。例えば、調味料の酢は「トクホ」の認定が受けられれば付加価値を高め、健康食品やサプリメントの市場に出て行くこともできる。

「独自化」を成し遂げる４つの戦略群

ニッチ戦略群
ライバルがいない小さな市場でトップをとることを目指す数々の戦略。中小企業がとるべき戦略の基本（P.120参照）

ジレンマ戦略群
リーダー企業の方向性とは逆の方針で突き進む。リーダー企業が追随することは、自社商品の価値を否定することにつながるため、参入できない。①大企業の販売網ではリーチできない市場を狙う、②投資をムダにするイノベーションを狙う、③真逆の商品コンセプトで行く、④追随が自社商品との共食いになる立ち位置で攻める、といった戦略がある

変更戦略群
既存の商品の意味や価値を変え、別商品として別の市場に売る方法。①既存の仕組みを応用・改良して新しい市場(利用者)を開拓する、②モノ(商品）からコト（行為）の販売に移行する（製造業からサービス業への転換など)、③「買いたくても買えない」ペルソナの現実に合わせて、商品の組み合わせ方や売り方などを変更する、④素材・商品がもつ価値・効能などをクローズアップして付加価値を感じさせる、といった戦略がある

連携戦略群
外部との連携によって事業に幅を持たせる。①他社の主力事業を受託する、②自社は得意だが他社では非効率・不採算なプロセスを請け負う、③自社の流通経路に他社の売れ筋商品を組みこむ、④ノウハウやシステムを他社に利用させ、運用効率アップ→利益率アップを狙う、といった戦略がある

組み合わせて独自の高収益事業に！

解説 5-2

ニッチ市場で高い成果をあげるニッチ戦略の数々

狭い市場の中でもうひと押し、差をつける

新規参入がしにくいニッチ市場でも、ライバルが皆無という状況は考えにくい。そこでもうひと押し、「わが社ならでは」の性格づけを事業にしていく必要がある。それが10のニッチ戦略群（左ページ図）だ。

独自能力型とは、他社にはない技術・ノウハウを活かす戦略。とりわけ高度である必要はなく、むしろ大企業には魅力のない小さな市場を狙う方が望ましい。工作機械のこの部品だけ、医療機器のこの部分だけ、などと限定して独自商品を提供できれば、それが強みになる。

流通経路特定型とは、自社商品の流通ルートを狭い範囲に限定すること。例えば、保険会社が全国の税理士事務所を通して経営者向けの保険商品を売る、といった形で唯一のポジションの確保を目指す。

特定ニーズ対応型は、あるニーズだけに特化して応える戦略。例えば、ノートパソコンの特性として「とにかく頑丈」を突き詰めれば、他のスペックが少々他社製品に劣っても、独自の立ち位置を築ける。

地域限定型とは、市場をぐっと絞り込み「地域ナンバーワン」を目指すこと。期間限定型は、定期的に発生し、スキルも要るが従業員を常駐はさせたくない、と顧客が考える仕事を請け負っていく戦略だ。

乗り換えを面倒に感じさせ顧客を離さない

落ち穂拾い型とは、大企業が取りこぼした顧客を取っていく戦略。大企業はより多くの利用者に合わせた商品・サービスを展開するため、それにそぐわない顧客は一定数生まれる。そのニーズを拾っていくという考え方だ。

残存者利益型は、「縮小しつつあるが消滅はしない」市場で最後の1企業となること。自動的に市場を独占できる。数量限定型は、ニーズには完全に対応できるが、あえて「買えない」を生み出すことで、注目度やニーズを維持していく方法。オーダーメイド型とは、顧客の要望を最優先し、隅々まで対応して満足度を高めること。

スイッチング高コスト型とは、乗り換えの負担を経済的・心理的・物理的に大きくして顧客を囲い込む戦略。乗り換えると今までの投資が無駄になったり、また一から事情を説明しないといけない…といった状況を生み出す。

高収益をもたらす10のニッチ戦略群

❶独自能力型	他社にはない技能・ノウハウを武器にして商品・サービス・販売体制を構築する
❷流通経路特定型	流通経路を特定し、その経路と独占的なパートナーシップを築き上げる（特定の業者・専門家のニーズに特化した商品を販売する、など）
❸特定ニーズ対応型	商品に対するニーズを分解し、その中の1つに絞り込む（「丈夫が一番」「丸受けしてほしい」など、類似商品に対する特定のニーズに積極的に対応する）
❹地域限定型	対象地域を絞り込み、自社が有利になるまで小さくしていく
❺期間限定型	年に1度か2度だからスキルは身につかないが、企業にとって重要で、非効率な業務を代行する（年度決算、棚卸し業務など）
❻落ち穂拾い型	大企業が見向きもしないほど絶対的な小規模市場にのみ参入する。もっともニッチ戦略らしいニッチ戦略
❼残存者利益型	ニーズが縮小しつつある市場で生き残りを目指す。最後まで生き残ると市場を独占できる
❽数量限定型	ニーズに応える数は売れるが、あえて売らずに行列ができるようにする
❾オーダーメイド型	効率重視のプロセス画一化を避け、ペルソナの要望を最優先して細部まで対応する
❿スイッチング高コスト型	経済的・物理的・心理的に、他社への切り替えが負担になる関係を顧客と築く

競合と比較した魅力を分析する

A社	B社	C社	D社
3	1	5	4

競合と比較した魅力分析シート

	要素	要素の定義	自社
例	収容力	団体客として一度に調理・給仕できる最大の人数。予約対応に要する日数。	2
1			
2			
3			
4			
5			
6			
7			
8			
9			

 ➡ 解説は124ページ

Column 5

同業者と勝負するポイントを定め顧客に対する魅力を高める

狭くても身の丈に合った市場で競争相手がいない状態をつくりだすことが中小企業にとっては理想。だが、同業者が1つもないところまで市場を小さくしていくだけでは、事業を成り立たせること自体が難しくなってしまう場合もある。

そこで事業の特徴（強み）を先鋭化し、「その特徴にお金を払いたい」という市場をつくりだし、そこでトップを狙うというアプローチも必要となる。そのときに役立つのが、122ページの「競合と比較した魅力分析シート」だ。

1つの事業には細かく見れば、様々な特徴がある。まずはその要素の中で、自分の事業における強みだろうと思える内容を「要素」と「要素の定義」のマスに書き込んでいこう。

例えば、飲食店なら、例に示した収容力のほか、メニューの数、飲み物の種類、ボリューム、提供時間、立地（駅からの距離）、テーブルの広さなどと考えられそうだ。

右の列に並ぶ「A社」～「D社」は、競合となる実際の企業や店舗のこと。具体的に名前を入れてみよう。

その後、それぞれの要素に対し、1～5の数字を書き入れ、順位づけしていく。できる限り現場に足を運び、自分の目で確認した情報をベースにするようにしたい。

すると、ライバルと比較した際の本当の強みとは何なのか、が見えてくる。「顧客は自店や有名なA店に行く代わりに、なぜC店に行くのか」とか「自分の店は何を違いとして訴えていけばいいのか」といったことがわかってくるのだ。

Chapter 6

継続的に成長するための視点とは？

長年にわたり高収益を確保し続ける事業を育てるには、定期的なメンテナンスが必要だ。変化の訪れをいち早く察知して事業の内容を調整したり、予想とのズレを成果につなげていくために、経営者はどんなアンテナを張っていればいいのだろうか。

あれから数カ月
町は少しずつ変わりつつありました
Excuse me,
（すみません）
but we want to go to this place.
（この場所に行きたいのですが）
え～と
5 minutes walk from here.
On the right side.
（ここから徒歩５分です。道の右側です）
Thank you!
（ありがとう）
You are welcome!
（どういたしまして）
やったー
通じたね！
よかったー！
ところが――

目標に届かない？
第●会
観光事業
はい
ここ数カ月分のデータを整理したところ訪問者数の達成率は7割弱です
7割弱…
外国人観光客は徐々に増えていますし
日本人観光客もリピート率は決して悪くはないのですが
期待したほど国内の新規客を取り込めてないってことか
ええ
この達成率では次の予算編成で影響が出そうです…
でも悪い結果ばかりではないんです
月次でも報告しましたが全体で見ても30～40代の女性客がかなり増えてます
確かに…
だけど狙っているペルソナとは違う層だわ…
何か手を打つ必要があるな
方針を変えるのか
テコ入れするのか…
1泊だけのショートステイが多いですが
うちでも若い女性客は増えてるね
うちもですよ
高いメニューも気軽に頼んでくれるからありがたい

消費に貪欲な世代と言われていますから
上質の体験には出費を惜しまないという傾向があるんだと思います
ならそっちにターゲットをシフトさせて目標達成を目指す手もあるわけか
それならうちはもっとスイーツを充実させて…
ああの
それは待ってください！
…待つって言ってもこのままじゃ数字は改善しないだろ？
わかっています
でもそれをやってしまったら事業の設計自体を一から立て直す必要が出てきてしまいます
………
そうか確かにね
本気でメインターゲットを変えるなら
うちみたいな飲食店だったら
店構え
料理
味つけ
メニューのデザイン
一人前の量
価格…
すべてを見直さないといけなくなる

30～40代の女性に受けているのは年配の観光客のための落ちついた雰囲気づくりがあってのことだと思うんです
ですから今は「どうして私たちのペルソナをもっと振り向かせることができないのか」を考えたほうがよいのではないかと…
なるほどな
じゃあどうするか
うーん…
結局その後も会議で妙案は出ず――
…大宮さん
ガタン
今日はすいませんでしたね
出番がなくて無駄足させちまいました
せっかく立ち位置を決めてうまく動き出せたと思ったのですが…
よくあることです
動き出したと思った途端に思い通りにいかなくなるのが事業のマネジメントの常ですから
それに今日はこちらからもご相談したいことがありまして
？

実はある茶道教室の友の会が都市近郊の観光地で一泊旅行を企画していまして
幹事に「どこかいい場所はないか」と相談を受けているんです
へえ
いくつか候補地を提案して選んでもらおうと思ってまして琴川町も検討していたのですが…
先程の会議の印象ですと新規客に魅力を感じてもらうのに苦労されているようですね
まあそうっすね…
近く幹事さんと打ち合わせするのですが
岸本先生
魅力…
琴川町のよさを知らない人に対して
私はこの町の魅力を何と言って伝えたらいいでしょうか？
「人が少なくて落ちついていてマイペースで過ごせる」…では弱いですね
残念ながら

先ほどのデータにもそれが示されていましたね
「もてなさない」というコンセプトはいいと思ったんですが…
私もいいコンセプトだと思います
しかしやはり「他ならぬ琴川町を尋ねる」という積極的な理由が町のカラーとしてほしい
期待感を持たせる要素もキャッチコピーには必要だろう
というのが実感です
――少し時間をいただけますか
「琴川町を尋ねる理由」…
――なるほど
それはこの町を「どんな地として記憶されたいのか？」ということにつながるね
なかなか興味深い問いかけだ
まだ私にはその答えが見えてこないんです…
かすみちゃんはペルソナに対して
どういう風にこの町を使ってほしいと思ってるんだい？
……充電でしょうか

ほう
「大観光地に比べるととりたてて何もない」という点がいいわけですから
それが「もてなさない」というコンセプトに集約されたわけだ
ええ…
忙しくあちこちを見て回って消耗するよりも
ゆっくり過ごして
英気を養って日常に戻っていってもらえれば…
…しかしそれだけではペルソナには
この町の魅力が十分に伝わっていなかったということだね
竹岡さんは「わかってない奴が多すぎる」なんて言ってましたけど…
まあ
「わかってない」と切り捨てるのは簡単だけどね
でも「顧客は常に合理的である」
常にそう考えない限り突破口は見えてこないだろう
「客が悪い」なんて責めても売上は伸びないんだから
合理的に行動しない顧客などいない。…顧客が買うものはそれが何であれ彼らの事情に合ったものである。事情に合ったものでなければ何の役にも立たない。
――『イノベーションと企業家精神』P.303 ～ 304

琴川町に来ない人には
来ないだけの理由がある
ということですね
単にPRが足りないだけなのかもしれないし
目に留まっていても魅力を感じていない
ということなのかもしれないな
どうすればその理由が見つかるのかしら…
今一度
「顧客の視点」でものを見る必要があるね
顧客の視点…
事業戦略を見直すというとつい数字の分析に陥りがちだが
「顧客の目には事業はどのように見えているのか？」
という問いと向き合うことを忘れてはいけないよ
初心忘れるべからず
ペルソナにしっかり感情移入するんだ
ペルソナ…――
経済力があって経験豊富な人
そういう人には現状ではちょっと物足りない
ということ…

ペルソナが観光するにあたって大事にしている価値はどういうものだろう？
…落ち着いた静かな環境でマイペースに行動できること
そして自分と向き合える時間を持てること…
本当にそれだけかかな？
うちを選ばないペルソナは琴川町に来ないでお金と時間を何に使っているのかな？
わかりません…
ペルソナのプロフィールを設定して顧客を理解した気になっていなかったかい？
この認識のズレを埋めなければ
では　ペルソナは普段何を消費するときに喜びを感じるのだろうね？
………わかりません
ズレ…
ふむ

かすみちゃんは「ペルソナはきっとこんな人なんだ」と想定して事業戦略を立てた
だが
実際のペルソナは大外れではないがそんな人ではなかった
「何に喜びを感じるか」の認識が微妙にズレていたということだろう
価値観ギャップの背後には、必ず傲慢と硬直、それに独断がある。…生産者や販売者が提供していると思っているものを買っている顧客はほとんどいないのである。彼らにとっての価値や期待はほとんど常に供給者の考えているものとは異なる。
――『イノベーションと企業家精神』P.57
どうやって修正すればいいのかしら
江崎さんにデータを分析してもらって…
言っただろう
データは助けになるだろうがそこに答えはない
数字は数字
意味を見出すのは自分自身だ
……
マネジメントの極意は「気づき」にあり
というより
答えは気づきの中にしかない
自分の感性を信じて何度でも試行錯誤すればいい
ドラッカー曰く
「成果とは打率である」
打率？
常に成功できる人などいない
だからマネジメントには間違いや失敗を犯す余地が必要で
その上で打率を上げていく
それがマネジメントの「成果」なんだ

そしてもう1つ
「経営者《マネジメント》は現場に出よ」とも
！
数字や机上の議論に終始して
実際の顧客の行動を見ることを怠っている経営者のなんと多いことか
とね
現場…
………
春光おじさん
ありがとうございます
私…
行ってきます！
顧客は何を消費して喜びを感じているのか
ペルソナがお金を払ってもいいと思えるもの
公園の足湯よかったね
薬湯とかあんなに種類がいっぱいあると思わなかった！
全部制覇したくなるよねえ
見て
この看板の英訳！
へえ、サムライってwarrior《ウォリアー》っていうんだねえ
ペルソナの欲求…
今日のおすすめ何？
えっとー
あ このメニュー初めて見る！

ねえ これ食べてみよう！
楽しみ～
！
そうか…
それが私の決めつけだったのね…！
新奇性と文化性？
ええ それに気づけなかったのは私に思い込みがあったからなんです
思い込み？
私たちはペルソナに
比較的年配で経済力があり経験豊富な一段上の大人を想定していました
定年を控え あるいはセカンドライフに入った方が観光に訪れたとき
静かにマイペースで時間を過ごせるような雰囲気をこの町で味わってほしい
そう考えていました
でも…それを打ち出すだけでは
ペルソナの心は半分しかつかめないんです！
…もう半分が新奇性と文化性ってことか？
はい 誰もが持っている「成長したい」「自分に価値があると感じたい」という欲求…
これを見落としていたんです！

自分に価値を感じたい…
ですか
「あれを見ろ」「次にこれを見ろ」と引っ張り回されるような観光が嫌いだからといって
ペルソナはただ静かに過ごしたいわけじゃない
「ここに行けば新しい何かに出会える」
そう予感させるメッセージも打ち出すべきだったんです
「もてなさない」コンセプトはリピーターにこそ魅力を感じてもらえる部分だった…
肌で感じなければわからないことですから
むしろ裏テーマにしておくほうがよかったのかもしれません
なるほどな
意外性の要素としてとっておくと
そうですね
じゃあペルソナに期待させる表の顔としてのコンセプトは？
コンセプトは
…例えば
「いやすげんきと、出会う町」
癒やす元気？意味がケンカしてないか？
癒やしとは本来活力を取り戻す積極的な活動でもあると思うんです
癒やしのスポットであることと癒やし行為に秘められた積極性や静かな活力みたいな意味合いを込めました
また「明日頑張るぞ！」みたいになれる
「(自分から) 出会う町」とうたうことで観光客が能動的に癒やしの場に赴いて活力を得る
という前向きなメッセージも含めています

「癒やし」と「元気」というちょっと逆方向にも見える単語を合わせたことでエッジが立ちましたね
「見所満載」みたいな観光地とは一線を画しつつ特別感を発信できそうです
新しい体験を求めるというペルソナの別の部分も刺激できれば…
ふむ
そのワードは面白いと思いますよ
本当ですか！
ええ 今回の茶道教室では年配の方が多いですが 皆さん伝統にも新しいものにも興味がありますからね
好奇心が強くて質にも厳しい
結構コワイんですよ
…私
ペルソナに近い人たちが日々感じている喜びや楽しみについて想像できてなかったことに気づかされました
…まあ
気づいたんだからすごいもんだよ
マネジメントにとって、予期せぬ成功を認めることは容易ではない。勇気が要る。同時に現実を直視する姿勢と、間違っていたと率直に認めるだけの謙虚さがなければならない。
――『イノベーションと企業家精神』P.20
もう1つの「文化性」っていうのは…
ペルソナには「文化的なものの価値がわかる」とか
「自分が文化的なことに関わっている」という実感を味わいたいという側面もあると思うんです
この町の価値を文化的に高める文脈をつくり
それによって「そういう価値がわかる自分」に満足してもらうというアプローチです
「この町ならでは」を見つけました
これは？

学校の式典を議員として回っていて知ったのですが
英語部がある中高では部員さんたちが道案内や史跡を説明する英会話を自分たちで作文する活動があるんです
これがそのプリントか
部員さんは自主的に「聞いてねバッジ」の英語版を付けていてくれてるのですが…
これを横断的なクラブ活動にしたら大手紙の地方版などで取材してもらえるようなネタになるんじゃないでしょうか
文化的な価値をPRしていくってことですね
町を訪れることの満足度も上がりそうです
観光地としては一味違った性格づけにつながりますよね
ええ…
観光スポットが増えるみたいな話ではないんですが…
いや
この町の新しい風景の1つになっていくかもしれませんよ？
こういう若い子たちの活動を応援したくなる年配の人は多いと思います
もう少し煮詰める必要はあると思いますが
さしあたって
私の仕事をたたき台にしてターゲット層の食いつきを見てみましょう
岸本先生
…いい切り口を見つけましたね

川　駅
琴川町は都心から
ローカル線で
２時間ほどの温泉街
温泉街は
知る人ぞ知るエリア
ここに来れば
―
静かな安らぎと
新しい発見が
あなたを
待っている
そんな町です
私の力は
まだまだ小さく
頼りないもの
だけれど
今
この町の議員として
ようやく歩き出せた
のかもしれません
岸本先生
うまくいくと
いいですね
…
ええ
でもまあ
失敗してもまた
トライすれば
いいことだろ？
安全域で
試行錯誤
し続ける…
はい
それが
マネジメント
ですから！
おわり

解説 6-1

変化に呑まれないために事業は定期的にメンテナンスする

「勝ち続けること」は「勝つこと」よりも難しい

単年で結果を出すだけでは、事業が成功したとはいえない。顧客のニーズに応え「続ける」ことが経営の目標だ。そこで、経営者は定期的に「今、事業はどんな状況にあるか」「どんな姿をしているか」を確認し、歪みに調整をかけていく必要がある。「成果をあげ続ける」という事業のマネジメントだ。

そこで、まず把握しておくべきことは、世の中の動きについて。半年前、あるいは1年前に検討した戦略は、今も時代に合っているかを確認する必要がある。事業は顧客（ペルソナ）のニーズに応える形で設計したのだから、「顧客のニーズは変わっていないか？」を知るために、「顧客を取り巻く環境は変わっていないか？」を社会的、経済的、政治的、文化的に問う必要があるのだ。

次に、会社全体の業績について見直す。全体の売上は良くても、小さな変化が現れているかもしれない。身体の健康状態と同じで、自覚症状とは最後に現れるもの。そこに至る前の、根っこの部分で何か変化のサインが現れていないか、現場をよく確認しよう。時間や費用のコストが増えていないか、バランスが変わっていないかは、要注意だ。

強みはいつの間にか無価値になることもある

事業の強みの見直しも重要だ。強みとしてきた部分は、まだ強みとして売りになるだろうか。強みであり続けるためには、どんな改善をすればいいだろうか。

強みは顧客が商品を選ぶ基準を変えてしまったり、新しい技術や方法が登場することで陳腐化、無効化されてしまうことがある。人工知能（ＡＩ）の進化でなくなる仕事が近年、取り沙汰されているが、代替品や新素材の登場など、様々な要因で強み自体が意味を持たなくなる場合があり得る。市場と顧客について、今までの捉え方が今後も通用するのか問い直そう。さらに、そんな市場と顧客に対して、何をどのように売るかという商品と流通経路についても見直していく。

変化の兆しは、数字を眺めるだけでは見えてこない。現場に足を運び、まめに観察することが大切だ。

事業の「今」を問い直す７つの問い

❶世の中の動きを把握しているか？	社会的／経済的／政治的／文化的に、今、何が起きている？
❷会社全体の業績を把握しているか？	根っこの部分に変化はないか？ 変化に傾向はあるか？
❸自社の強みを理解しているか？	事業の強みは何か？ その強みは、今でも有効か？
❹市場について理解しているか？	根っこの部分に変化はないか？ 変化の傾向は？　市場別の業績は？
❺顧客について理解しているか？	根っこの部分に変化はないか？　顧客別の業績は？　ペルソナを変更する必要があるか？　ペルソナの満足･不満を把握しているか？
❻商品について理解しているか？	根っこの部分に変化はないか？ 変化の傾向は？　商品別の業績は？
❼流通経路について理解しているか？	根っこの部分に変化はないか？ 変化の傾向は？　流通経路ごとの業績は？

解説 6-2

事業戦略を見直し新たな突破口を見つける

「なぜ予想通りの業績にならないのか」を問う

企図した事業戦略がハマればよいが、現実はなかなかそううまくはいかないもの。試行錯誤をしながら精度を高めていく必要があることも多く、前節で触れたような変化に備えるだけでなく、明らかにうまくいかない事業戦略の見直しもまた、事業のマネジメントには必須の活動といえる。

ただし、漠然と「数字が届かないから」という理由で取り組んでも、失敗を糧にすることはできない。まずは「なぜ事業戦略を見直す必要があるのか？」をはっきりさせ、目的意識を明確にしよう。

その上で、向き合うべきは「顧客から事業はどのように見えているのか」という問い。ペルソナを設定したのに、それに近い顧客に思うように売れなかった。あるいは、それ以外の顧客に多く売れてしまった。これはペルソナに対する掘り下げが不十分だったため、という理由が考えられる。

なぜペルソナには事業が魅力的に見えなかったのか、どうして宣伝がペルソナのアンテナにかからなかったのか……。もしかしたら、「自分が事業に関心があるのと同様に、顧客もこの事業に関心があるはず」との思い込みはなかっただろうか。顧客に感情移入し、顧客になったつもりで事業を眺めてみよう。

予想とズレている部分にはチャンスがある

予想とズレた業績には、予期せぬ成功と予期せぬ失敗がある。前者は確かにラッキーだが、後者と同様「自分が間違っていた」と謙虚に受け止めよう。どちらも潜在的なチャンスだ。予期せぬ成功は、気がつかなかった魅力や価値が事業にあったことを教えてくれる。再現できるようになれば、次の業績につなげることも可能だ。予期せぬ失敗は、戦略的な見落としや現場の弱みを教えてくれている。見方を変えたり、弱点を補うことで新たな成長の機会につなげよう。

結果に対し、「まあこんなものだろう」などと受け入れてしまわないように。その現状認識が本当に正しいのか、改善の余地はないのか、できるのに実行していないことはないのか、などを探すようにしたい。「できない」が思い込みに過ぎないケースは、決して少なくない。

事業戦略の見直しで問うべきこと

なぜ事業戦略を見直したいのか？

➡●なぜ変えたいのか？
●何を／どのくらい／いつまでに／どのような方法で変えたいのか？
など

顧客の目には事業はどのように見えているのか？

➡●誰が／どこで／何のために買うのか？
●ペルソナが大切にする価値とは？
●自社商品はどれくらい重要か？
●競争相手は誰か、その動向は？
など

予想とズレて現れた結果はないか？

➡●自社商品を購入していないのは誰か？
●ペルソナは金と時間を何に使っているか？
●非顧客はなぜ他社から買っているのか？
●何が大きな満足をもたらしているのか？
●潜在的な競争相手は何か？
●潜在的なチャンスはどこにあるか？
●ペルソナは何に不満を感じているか？
など

その現状認識は正しいのか？

➡●情報や事例は自社に当てはまるか？
●顧客との認識の違いは何か？
●あるべき姿との差異は何か？
●標準値との差異は？
●やる価値があってやっていないものは、なぜやっていないのか？
●それをできるようにするにはどうすればよいか？
●事業の費用対効果はどうか？
など

ニッチ戦略を具体化する

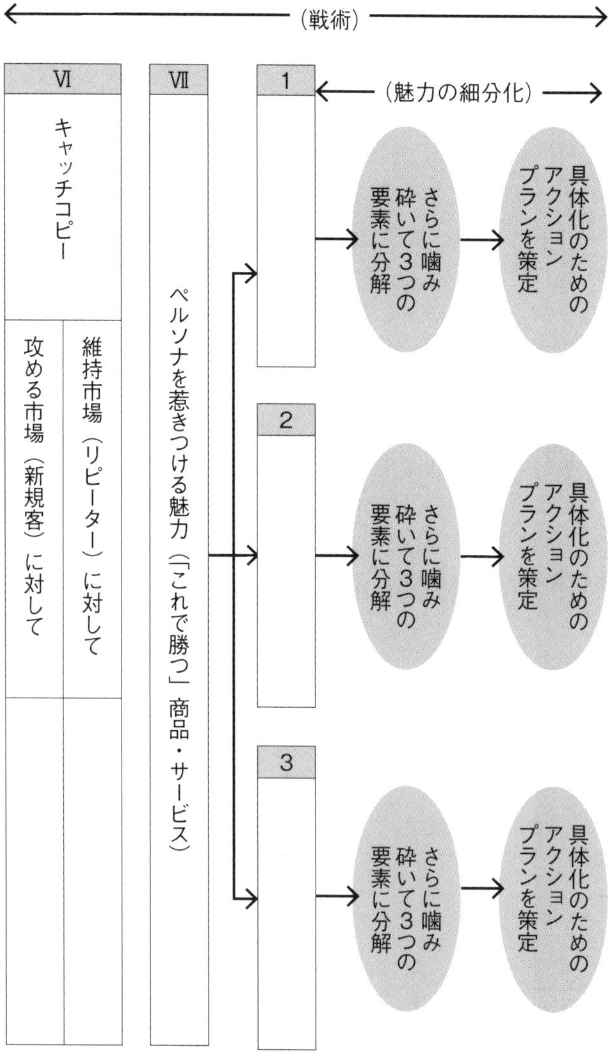

ニッチ戦略策定シート

←（ニッチ戦略の概要）→

Ⅰ	事業の内容			
Ⅱ	戦略の前提	事業環境	社会の状況	
			競争の状況	
			ペルソナの状況	
		事業の目的・意義		
		自社の強み		
Ⅲ	3年後の目標			
Ⅳ	ニッチ戦略	勝てる独自性		
		採用する ニッチ戦略		
		対象市場	維持する	
			攻める	
			撤退する	
		取扱商品	維持する	
			攻める	
			撤退する	
		流通経路	維持する	
			攻める	
			撤退する	
Ⅴ	ペルソナの プロフィール （理想の顧客像）			

➡ 解説は148ページ

Column 6

この世に1つだけのニッチ戦略をつくる

ドラッカーは、数々の企業を観察し、成果をあげる事業に共通してみられる特徴を抽出した。本書は、逆に、そうしたドラッカーの知恵を生かし、具体的なニッチ戦略を立てる方法を紹介している。いわば、ドラッカーが文字式で表した「定理」を使って、実際に計算問題を解いてみよう、というわけだ。そこで最後に取り組みたいのが146ページの「ニッチ戦略シート」。

まずは「事業の内容」に、ニッチ戦略を策定したい事業名を入れよう。まんがの例でいえば、「琴川町の観光事業」となる。

次に「戦略の前提」として事業環境、事業の目的・意義、自社の強みを記入。「今、市場はこのようになっており、こんなニーズがある。そこでどんな役割を、どんな強みを生かして果たすのか」を整理するわけだ。その後、「3年後の目標」を明確にし、具体的な「ニッチ戦略」の方針を決めていく。「採用するニッチ戦略」は121ページの表を参考に、3つくらい選ぶといい。

どの市場を、どの商品で、どんな流通経路で攻めるのかを明確にし、その商品を届けたいペルソナ像を詳しく描き出そう。「キャッチコピー」は、事業の特徴を表すものとして、新規客向けとリピーター向けに考えたい。

次に、売りにしたい魅力の3本柱を決め、その構成要素をさらに3つの要素に細分化。それらを優れた商品力として育て上げるために、どうやって達成していくのかを個別にアクションプランにしていく。ここまでくれば、個々のアクションプランを1つずつクリアしていくだけ。3年後の目標が近づいてくる。

ドラッカー名言集

何度も噛みしめたい
ドラッカー 核心の言葉

本編でとりあげられなかったドラッカーの言葉をさらにいくつか、紹介しよう。日々の業務を振り返る基準になるだろうか。

リーダーシップ Leadership

上司たる者は、組織に対して部下一人ひとりの強みを可能なかぎり生かす責任がある。
――『経営者の条件』P.126 ――

A superior owes it to his organization to make the strengh of every one of his subordinates as productive as it can be.
―― The Effective Executive ――

人を活躍させることがリーダーの使命。部下・後輩の手柄は、あなたの手柄だ。

…あらゆる資源のうち人がもっとも活用されず、その潜在能力も開発されていない…。
――『マネジメント（上）』P.348 ――

...of all the resources, people are the least utilized and ... little of the human potential of any organization is tapped and put to work.
―― Management; Task, Responsibilities, Practices ――

「人」にはまだまだ可能性はある。もっと自分に、人に、期待しよう。

リーダーたる者は、あらゆる行動において、翌朝鏡の中に見たい自分であるかを問うことを習慣化しなければならない。
――『非営利組織の経営』P.54 ――

... it is a very good rule when you do anything as a leader, to ask yourself, Is that what I want to see tomorrow morning when I look into the mirror?
―― Managing the Non-Profit Organization ――

あなたはあなたを上司に持ちたいだろうか？ あなたを部下に持ちたいだろうか？ あなたはどう変わるべきだろうか？ 「リーダーは私人ではない。何かを代表する存在である」(同)

※和文の引用はすべてダイヤモンド社の書籍を参照しています。

リスクと機会 To Find Opportunity from Risk

あらゆる関係者が起こりえないと知っていることこそ徹底的に検討しなければならない。

――『創造する経営者』P.226 ――

What everybody in the business "knows" can never happen should be examined carefully.

―― Managing for Results ――

「起こりえないこと」が次々に起こっている。だが、恐れている暇はない。いつの時代も「うまくやる者」は現れる。次はあなたの番だ。

自ら未来をつくることにはリスクが伴う。しかしながら、自ら未来をつくろうとしないほうが、リスクは大きい。

――『明日を支配するもの』P.107 ――

To try to make the future is highly risky. It is less risky, however, than not to try to make it.

―― Management Challenges for the 21st Century ――

リスクを恐れるなら、むしろ挑戦せよ、という。守りに入った者から居場所を失っていく。事業のマネジメントには安住も終わりもない。

大切なことは、問題への答えではなく、問題についての理解である。

――『マネジメント（中)』P.139 ――

The "right answer" (which usually cannot be found anyway) is not central. Central is understanding of the problem.

―― Management; Task, Responsibilities, Practices ――

「正しい答えではなく、正しい問いが必要である」(『創造する経営者』P.19）とも言う。焦るだけ、解決は遠くなる。慌てて反応する前に、観察し、理解しよう。

変化はコントロールできない。できることは、その先頭にたつことだけである。

――『明日を支配するもの』P.82 ――

One cannot *manage* change. One can only be ahead of it.

―― Management Challenges for the 21st Century ――

変化を自ら起こすのは難しい。だが小さな揺らぎを見逃さないことはできる。五感のみならず、第六感を駆使して時代を感じよう。

いかなる決定においても、起こりうる将来に対して可能なかぎり備えておかなければならない。

——『現代の経営（上）』P.128 ——

Management must with every decision make provision for molding the future as far as possible toward the predicted shape of things to come.

—— The Practice of Management ——

「想定外」と開き直る経営者もしばしば見かけるが……。その言葉を口にするのはむしろ恥ずかしいこと、という認識が必要なのかもしれない。

組織 Organization

組織といえども人それぞれがもつ弱みを克服することはできない。しかし組織は、人の弱みを意味のないものにすることができる。

——『経営者の条件』P.102——

(Organization) cannot, of course, overcome the weaknesses with which each of us is abundantly endowed. But it can make them irrelevant. —— The Effective Executive ——

人が組織をつくる理由がここにある。分業によって、人は得意なことに注力できるようになった。あなたは何をやるべきか。あなたの部下は、上司は、何をやるべきだろうか。

組織においてコミュニケーションは手段ではない。組織のあり方である。

——『マネジメント（中）』P.157——

Communication in organization ... is not a *means* of organization. It is the *mode* of organization. —— Management; Task, Responsibilities, Practices ——

コミュニケーションの目的は、経験を共有すること。1人の成功や失敗を組織の糧にしよう。

「凡人をして非凡なことをなさしめる」ことが組織の目的である。

——『現代の経営（上）』P.199 ——

It is the purpose of an organization to "make common men to uncommon things" ...

—— The Practice of Management ——

凡人の集まりが偉業を成し遂げる。個性と個性の組み合わせには、無限の可能性がある。

個としての成果 To be Effective

自らのうるべき所を知ることによって、普通の人、単に有能なだけの働き者が、卓越した仕事をこなすようになる…。

——『明日を支配するもの』P.213 ——

... knowing where one belongs makes ordinary people —— hardworking, competent but mediocre otherwise —— into outstanding performers.

—— Management Challenges for the 21st Century ——

「自分は何者か」を知る人は、仕事の使命を生まれてきた意味とともに知っている。そんな人の仕事は輝いている。

自らをマネジメントするということは、一つの革命である。…思考と行動において、これまでのものとは180度違うものを要求する。

——『明日を支配するもの』P.231 ——

Managing Oneself is a REVOLUTION in human affairs. ... It... requires an almost 180-degree change in the knowledge workers' thoughts and actions from what most of us...

—— Management Challenges for the 21st Century ——

自分を知り、自分で自分を導くには、自分に対して誰もが組織のトップであるかのように考え、振る舞う必要がある。人生という事業をマネジメントしよう。

自らの果たすべき貢献は何かという問いからスタートするとき、人は自由となる。責任をもつがゆえに、自由となる。

——『明日を支配するもの』P.218 ——

... to start out with the question "*What should I contribute?*" gives freedom. It gives freedom because it gives responsibility.

—— Management Challenges for the 21st Century ——

「皆の役に立ちたい」という意識が信頼を集め、「託される」という自由の獲得につながる。単に好きなことをしたいだけでは、ただの気まま。人に認められることは難しい。

コンピュータのおかげで、これまでは反応するだけだった人たちのきわめて多くが、真の意志決定者、真の執行者とならなければならなくなる。

——『経営者の条件』P.209 ——

(The computer) will convert a great many people who traditionally have reacted rather than acted into genuine executives and decision-makers.

—— The Effective Executive ——

現代なら「AIに仕事を奪われたくなければ」などの枕詞がつくだろうか。決断し、責任を担うことは、人間にしかできない。

優れた者ほど間違いは多い。それだけ新しいことを試みるからである。

——『現代の経営（上）』P.203 ——

The better man is the more mistakes will he make — for the more new things he will try.

—— The Practice of Management ——

だから、間違えたことのない者を要職に就かせてはならない、とドラッカー。その者は凡庸で、間違いを発見し、対処する術を知らないからだ。

時間 To Utilize Time

集中とは、「真に意味あることは何か」「最も重要なことは何か」という観点から時間と仕事について自ら意思決定をする勇気のことである。

——『経営者の条件』P.152 ——

Concentration (is) the courage to impose on time and events his own decision as to what really matters and comes first...

—— The Effective Executive ——

「何かに集中する」とは、何かを諦めることに等しい。それには決断力が必要だ。流されない意志の力が必要だ。個人であろうと、経営的なセンスが必要なのだ。

あらゆる仕事が時間の中で行われ、時間を費やす。しかしほとんどの人が、この代替できない必要不可欠にして特異な資源を当たり前のように扱う。

——『経営者の条件』P.47 ——

All work takes place in time and uses up time. Yet most people take for granted this unique, irreplaceable, and necessary resource.

—— The Effective Executive ——

時は金なり。否、ドラッカーなら「金以上」と言うだろう。「この時間を何に使うのか」の選択は極めて重要だ。

ドラッカーの「マネジメント」がわかる超・基本用語集

あ行

アクションプラン　P51

成果目標を達成したり、問題を解決するための計画。期日に合う範囲で、きちんと実行し、成果をあげることを目的に計画するもので、そのために柔軟性を持たせ、臨機応変に見直すことができるものがよい。

意思決定　P51・153

計画を行動に移すために、方向性や目的、やるべきことを判断して決定すること。意思決定には、実行の責任者、日程のほか、影響を受けるので決定の内容を知り、理解して納得すべき人や、影響を受けなくても決定の内容を知らされるべき人は誰なのかをはっきりさせる必要がある。

イノベーション　P23・27・28・100

物事の新しい捉え方や、新しい活用法を創造すること。継続的な改善と革新。既存のノウハウ・商品・顧客ニーズ・市場など、すでに存在するものを改善し、まったく新しい商品価値を生み出すこと。現実的には、「新結合」を盛り込む「創造的模倣」と「用途開発」のアプローチが取り組みやすい。ドラッカーはイノベーションを、天才のひらめきによって生み出される発明ではなく、社会や経済の文脈の中で仕事に関わる人々が、普通にやるべき仕事の1つであるとしている。イノベーションは、社会的にあるいは経済的に、世の中に何らかの影響を与えるものである必要がある。

か行

会議　P51

組織経営の欠陥を補完すべきもの。会議には、「目的の明確化」「事前準備」「参加者の貢献」が必要。効果的・効率的な会議運営のためには、①目的を明確にする、②司会をしながら意見を述べない、③参加者は最初から貢献に焦点を合わせることが重要。

機会　P51・150

機会とは、一見してビジネスチャンスとわかるもの。対する脅威とは、ビジネスチャンスに転換できれば高収益をもたらすもの。

企業　P26・72

市場に対する有料での貢献が目的の組織のこと。ノウハウが価値として認められたときだけ売上が発生し、貢献の度合いによって利益が決まる。

顧客　P61・72・142

商品・サービスにお金を払ってでも問題解決をしたい人。顧客のタイプ

※参照ページは、主な箇所のみ記してあります。

は、①買って欲しい人、②（対象としていないのに）買ってくれた人、③（買って欲しいのに）まだ買っていない人、の3つに大きく分けることができる。ドラッカーによれば、企業の使命は「顧客の創造」であり、これこそ事業の目的である。

コミュニケーション　P51・151

共通言語と共通理解の上に成り立つ意思の疎通のこと。仕事上における意志の疎通のためには、目的・目標・進捗状況など情報の共有化が前提となる。

さ行

差別化　P25・78・109

他社でもできるが、他社より上手にできること。独自化と共に企業の存在意義を高める重要な要素。

時間　P45・51・54・153

最も稀少な資源のこと。蓄積・貸し借り・増殖ができないため、有効利用以外に生産性を向上することはできない。したがって、「時間の分析」は優先順位を決めるうえでも、きわめて容易かつ体系的な方法となる。

事業　P26・32・78・142

マーケティング（顧客志向）とイノベーション（改善・改革）によって、顧客を創造する活動のこと。売れる商品を生み出す活動のこと。ただし、目的は商品やサービスを売ることではなく、いかに顧客のニーズを満たすか、にある。組織のそれぞれの構成員が目的に向けて能力を発揮し、成果をあげてこそ成り立つものとされる。顧客は誰で、何を求めて商品を買っているのかを考えることで、「わが社の事業とは何か」が定義される。

仕事　P32・43・50・54・96

習慣や指示されたとおりにするのではなく、考えることや知恵を適用した成果に結びつく動きや活動のこと。

仕事のマネジメント　P43

個人が成果をあげるために、自分の仕事ぶりを自分で計画・実行・評価すること。ドラッカーによれば、上達は誰にでも可能で、優れた人には、8つの行動習慣（50ページ）が共通して見られるという。

上司のマネジメント　P92

部下として上司に働きかけ、上司の仕事ぶりに変化を起こし、上司の力が最大限に発揮されるようにリードしていくこと。

商品　P28・72・120・143

顧客が問題解決の手段として購入するもの。商品とは売れるモノ、製品とは造ったモノのこと。製品が商品になりうるとは限らない。

新結合　P25・27

既存のもの同士を組み合わせることで起こすイノベーション。「組み合わせ方」が新しければ、今までになかったものとなる。

責任　P152

働く人から最高の仕事を引き出すために与えるべきもの。

戦略（事業戦略）　P23・26・28・144

「誰に（どの市場で）」「何を」「どのように（どんなルートで）」販売するのか、の計画。市場の細分化（セグメンテーション）と勝負所の選択（ポジショニング）を伴う。戦略の運用にあたっては、①リスクを伴う意思決定を行い、②その実行のために体系的な組織活動を行い、③その活動の結果を期待した成果と比較する、という活動を繰り返し行う必要がある。

創造的模倣　P24・27

他社の成功事例に新たな要素をつけ加えることで起こすイノベーション。市場が存在していることがわかっており、強みを加えることで差別化につながりやすくなるため、チャレンジしやすい。

組織のマネジメント　P85

構成メンバーのやる気を引き出し、成果をあげさせることで、組織として成果をあげるためのマネジメント。「どんな配置で、どんな仕事を与えるか」という人事的判断が極めて重要。人の可能性に注目すること、弱みや問題よりも強みに注目し、過程は任せ、成果を要求することで責任を持たせ、成長を促すことが求められる。

た行

知識　P25・97

売れる商品を生み出す知恵・ノウハウのこと。他社よりも秀でた得意領域（顧客満足の高い分野）となる。マーケティングで得た情報を技術と結びつけ、顧客の喜びへつなげる力にまで高めれば、自社の強みとなる。「人よりたくさん知っている」だけで情報量が多いことは、事業においては「知識が豊富」とは呼べない。

チャンス　P51・73・145

行動を起こすことで収益を高めることができる状況のこと。ビジネスにおけるチャンスとは、①すべての業務に改善の余地があり、その改善が利益に直結する改善的なチャンス、②現在の商品に付加価値をつけたり、成功をさらに活かしたりする付加価値的なチャンス、③今日の経営環境では従来のやり方が通用しないため、根底から見直すことにより起こりうる革新的なチャンス、の3点に分類される。

強み　P27・54・72・78・93・95・96・119・124・143

他より秀でている点で、集中的に資源をつぎ込むべきところ。対する「弱み」とは、致命的なものでない限り、無視するか後回しにしてもよいもののこと。個人の働きに関しては、強みに注目して成果を引き出すべきだが、事業においては、弱みを克服することで、利益のアップにつながることもある。

独自化　P25・78・109・118

他社にできないことができること。①ニッチ戦略、②ジレンマ戦略、③連携戦略、④変更戦略の４つのアプローチが基本となる。

な行

ニーズ　P28・72・120・142

顧客が、お金を支払ってでも解決したいと思っている問題や課題解決への思い。ただし、潜在的に感じているだけで、商品を提示されるまでは明確には認識されない場合もある。ニーズを満たす（顧客の問題を解決する）ことが事業の目的だが、競争相手が存在するため、利益を得るためには独自化や差別化された商品が必要となる。

ニッチ戦略　P109・118・120・121・148

「小さいが生存には不自由ないサイズの池で、主になる」こと。まだ目をつけられていない小さな新しい市場や、市場の隙間に早期に乗り込み、独占体制を築く方法。限られた市場で唯一の存在となり、その地位を維持するために独自化と差別化による努力と工夫が必要。体系的には10のニッチ戦略群がある。

は行

フィードバック分析　P54

ドラッカー曰く、客観的に自分を理解し、成長させるために有効な手段のこと。具体的な目標を立て、一定期限になったら達成度と照合して分析すること。自分の強みや弱みが明確になる。

ペルソナ　P65・73・74・142・144

たった1人に限定した、自社にとっての理想的な顧客像のこと。属性や価値観を具体的に肉付けすることで、顧客へのイメージが高まり、ビジネス・モデルをシンプルにしたり、細部をより具体化しやすくなる。

ま行

マーケティング　P23・27・28・97

売れる仕組みづくりのこと。顧客を起点・基点とする発想および活動のこと。通常、小売業や卸売業では仕入れ、製造業では製造から仕組みづくりを考えがちだが、マーケティングは、顧客の使用状況・購入現場から遡って仕組みをつくっていく（＝顧客志向）。顧客のニーズに応えることが事業の目的であるため、マーケティングの最終ゴールは、商品が顧客にぴったりと合って、黙っていてもひとりでに売れてしまうようにする状態を生み出すことである。

マネジメント　P20・26・32

仕事だけでなくあらゆる局面において「何かやりたいことを、どうにか工夫してやり遂げる」こと。ビジネスにおいて会社や仕事の状況は非常に複雑だが、それに対して「なんとかする方法を考えること」または「その役割を担う人や機関」。戦略に基づいて定めた目標（成果）に到達できるように、組織の活動を計画・実行・評価のサイクルで循環させること。

目標　P26・54・148

マネジメントの基準（＝計画・実行・評価の指針）となるもの。目標による経営とは、組織の現状を正確に把握し、適切な目標を立て、そこに向かって自分自身やチーム・組織の成果を導いていくこと。

モチベーション　P32

仕事における人のやる気。①強みを生かせる場所に配置し、②レベルの高い仕事を与え、③自分の仕事を自分で評価できるように明確な情報を与え、④経営者の視点で仕事を見渡す機会を与えることで引き出せる。

や行

8つの習慣　P50

ドラッカーが、優れた成果をあげる人が共通して備えているとした行動習慣。①「やりたいこと」ではなく「やるべきこと」をやる、②組織を優先する、③アクションプランをつくる、④意思決定を的確に行う、⑤コミュニケーション（情報共有）を怠らない、⑥問題よりも機会に注目する、⑦会議の時間を無駄にしない、⑧主語を「私たちは」で発言する、の8つ。

用途開発　P24・25・27

既存の商品に新たな意味づけ・価値づけを行い、別の市場で売れるようにすること。商品をゼロから開発する必要がなく、発想を転換するだけで、大きなチャンスを獲得できる可能性がある。

ら行

リーダーシップ　P32・149

組織全体の人材、資源の働きの総和に配慮しながら、全体としてのベストの成果を達成するよう作戦を立て、組織を率いること。

利益　P51・118

顧客への貢献度の物差し。税金・出資者への見返り・投資への備え・将来に起こりうる業績不振への備え。つまり、将来的なコストである。

リスク　P150

ビジネスでは、①負うべきリスク、②負えるリスク、③負えないリスク、④リスクを負わないリスクの4つがある。予防策、発生したときのインパクトの大きさや対処法、リスク自体の大きさを数値化しておくことが大切。リスクをゼロにすることは不可能だが、「想定外の事態」をできるだけゼロに近づけておくことで、いざというときに機敏に対処することができる。

おもな参考文献

『ドラッカーに学ぶ「ニッチ戦略」の教科書』(藤屋伸二 著、ダイレクト出版)、『ドラッカー100の言葉』(藤屋伸二 著、宝島社)、『まんがと図解でわかるドラッカー』『まんがと図解でわかるドラッカー 使えるマネジメント論』『まんがと図解でわかるドラッカー リーダーシップ論』『まんがでわかるドラッカーのリーダーシップ論』(いずれも藤屋伸二 監修、宝島社)、『明日を支配するもの』『新しい現実』『イノベーションと企業家精神』『経営者の条件』『現代の経営(上・下)』『創造する経営者』『非営利組織の経営』『マネジメント(上・中・下)』(いずれもピーター・F・ドラッカー 著、上田惇生 訳、ダイヤモンド社)
"The Effective Executive" "Innovation and Entrepreneurship" "Management Challenges for the 21st Century" "Managing for Results" "Management; Tasks, Responsibilities, Practices" "Managing the Non-Profit Organization" "The Practice of Management" Peter F. Drucker, Harper Collins publishers inc. (all the above)

制作スタッフ

まんが　nev
編集　宮下雅子
神崎宏則(山神制作研究所)
取材・文　乙野隆彦(山神制作研究所)
本文デザイン・DTP　遠藤嘉浩・遠藤明美(株式会社 遠藤デザイン)
室田素子
協力　神奈川県湯河原町

Profile

〔監修〕

藤屋伸二（ふじや・しんじ）

1956年、福岡県生まれ。ドラッカーをベースにしたコンサルティング手法で、300社を超える中堅・中小企業の業績伸長やV字回復を支援してきた。現在、中小企業を対象に、「ドラッカーで営業利益10％超の仕組みをつくる」ための【藤屋伸二のニッチ戦略塾】を開催し、また、同塾のフランチャイズである【ドラッカー経営実践塾】を展開している。ドラッカー関連の著書・監修書には『図解で学ぶ ドラッカー入門』（日本能率協会マネジメントセンター）、『まんがと図解でわかるドラッカー』『まんが 元自衛官みのり ドラッカー理論で会社を立て直す』『まんがでわかる ドラッカーのリーダーシップ論』（いずれも宝島社）、『ドラッカーに学ぶ「ニッチ戦略」の教科書』（ダイレクト出版）など多数。累計部数は206万部を超え、「ドラッカーを日本で一番わかりやすく伝える男」と言われている。http://niche-strategy.co.jp

〔まんが〕

nev

まんが家、イラストレーター。『まんがと図解でわかるニーチェ』（白取春彦 監修）、『まんがと図解でわかる宇宙論』（竹内 薫 監修）、『まんがでわかるドラッカーのリーダーシップ論』『まんがでわかるD・カーネギーの「人を動かす」「道は開ける」』（ともに藤屋伸二 監修、いずれも宝島社）などでもまんがを描いている。『まんがタイムオリジナル』（芳文社）にて連載中の「部屋にマッチョの霊がいます」（大澤めぐみ 原案協力）にて作画を担当。

～P.F.ドラッカーについて～

ピーター・ファーディナンド・ドラッカー（Peter Ferdinand Drucker、1909～2005年）は、「経営学の父」とも呼ばれ、現代の経営学に登場する多くの経営・管理の概念を生み出した人物。ウィーンで生まれ、ハンブルク大学で法学を学び、フランクフルト大学で国際法・国際関係論の博士号を取得。並行して貿易会社のアシスタント、証券アナリスト、新聞記者、大学教員など多くの職に就く。ナチス台頭を契機にイギリス、後にアメリカへと渡る。1939年、処女作『「経済人」の終わり』で注目を浴び、ゼネラル・モーターズなど世界企業の経営コンサルティングを行った。著書に『経営者の条件』『現代の経営（上・下）』『マネジメント 課題、責任、実践（上・中・下）』（いずれも上田惇生 訳、ダイヤモンド社）など多数。

まんがでわかる
ドラッカーのマネジメント

2017年3月29日　第1刷発行

監修　藤屋伸二
まんが　nev
発行人　蓮見清一
発行所　株式会社 宝島社
〒102-8388　東京都千代田区一番町25番地
電話：営業 03-3234-4621／編集 03-3239-0927
http://tkj.jp

印刷・製本　サンケイ総合印刷株式会社

ISBN978-4-8002--6685-9